GRY CLASEN OG SOPHIA FROVIN

# DANSK I DAG

## 1
## *Begyndere*

ACTA JUTLANDICA
HUMANISTISK SERIE

Aarhus Universitetsforlag |

*Dansk i dag*
Acta Jutlandica. Humanistisk Serie 2010/3
© Forfatterne og Aarhus Universitetsforlag 2010
Tilrettelægning og sats: Narayana Press, Gylling
Omslag: Jørgen Sparre
Bogen er sat med Fresco og trykt hos Narayana Press, Gylling
Fotos © Sophia Frovin
Illustrationerne side 14 og 19 © Peter Steen Jensen
Illustrationerne side 123 og 124 © Peter Madsens Tegnestue
Printed in Denmark 2010
ISBN 978 87 7934 575 1
ISSN 0065-1354 (Acta Jutlandica)
ISSN 0901-0556 (Humanistisk Serie)

Aarhus Universitetsforlag

*Århus*
Langelandsgade 177
8200 Århus N

*København*
Tuborgvej 164
2400 København NV

www.unipress.dk
Fax 89 42 53 80

# Det danske alfabet

ABCDEFGHIJKLMNOPQRSTUVXYZÆØÅ

a b c d e f g h i j k l m n o p q r s t u v x y z æ ø å

# Indhold

# Lektioner

# Lektion 1 - Peter og Eva

Peter kommer fra København. Han er 22 år.
Han studerer medicin på universitetet i Århus.

Han bor på et kollegium. Det hedder Hejredalskollegiet.
Peter har en cykel. Han cykler til universitetet.

Eva er 25 år. Hun arbejder i en bank.
Hun bor i Risskov.
Eva kører med bus på arbejde.

Peter møder Eva på en musikcafé.

## Dialog

Peter:   "Hej, jeg hedder Peter. Hvad hedder du?"
Eva:     "Jeg hedder Eva."
Peter:   "Hvad laver du?"
Eva:     "Jeg arbejder i en bank. Hvad laver du?"
Peter:   "Jeg studerer medicin."
Eva:     "Hvor bor du?"
Peter:   "Jeg bor på Hejredalskollegiet."

Eva:     "Hvor ligger det?"
Peter:   "Det ligger i Brabrand. Hvor bor du?"
Eva:     "Jeg bor i Risskov."

Eva og Peter bliver kærester.

Præsentation.

## Spørgsmål

1. Hvor kommer Peter fra? _____

2. Hvad laver han? _____

3. Hvor kommer Eva fra? _____

4. Hvad laver hun? _____

5. Hvor bor Eva? _____

6. Hvor bor Peter? _____

7. Hvor møder Eva Peter? _____

8. Hvor kommer du fra? _____

9. Hvor bor du? _____

10. Hvad laver du? _____

## Lav spørgsmål til svarene

1. Han hedder Peter. _____

2. Han kommer fra København. _____

3. Han studerer medicin. _____

4. Hun hedder Eva. _____

5. Hun taler med Peter. _____

6. Hun bor i Århus. _____

7. København ligger på Sjælland. _____

8. Hun arbejder i Risskov. _____

# Tal

| Mængdetal | |
|---|---|
| 0 | nul |
| 1 | en / et |
| 2 | to |
| 3 | tre |
| 4 | fire |
| 5 | fem |
| 6 | seks |
| 7 | syv |
| 8 | otte |
| 9 | ni |
| 10 | ti |
| 11 | elleve |
| 12 | tolv |
| 13 | tretten |
| 14 | fjorten |
| 15 | femten |
| 16 | seksten |
| 17 | sytten |
| 18 | atten |
| 19 | nitten |
| 20 | tyve |
| 21 | enogtyve |
| 22 | toogtyve |
| 30 | tredive |
| 31 | enogtredive |
| 32 | toogtredive |
| 40 | fyrre |
| 50 | halvtreds |
| 60 | tres |
| 70 | halvfjerds |
| 80 | firs |
| 90 | halvfems |
| 100 | hundrede |
| 200 | tohundrede |
| 1.000 | tusinde |
| 1.000.000 | million |
| | |
| 1976 | nittenhundrede og seksoghalvfjerds |
| | |
| 2004 | totusinde og fire |

| Ordenstal | |
|---|---|
| 1. | første |
| 2. | anden |
| 3. | tredje |
| 4. | fjerde |
| 5. | femte |
| 6. | sjette |
| 7. | syvende |
| 8. | ottende |
| 9. | niende |
| 10. | tiende |
| 11. | ellevte |
| 12. | tolvte |
| 13. | trettende |
| 14. | fjortende |
| 15. | femtende |
| 16. | sekstende |
| 17. | syttende |
| 18. | attende |
| 19. | nittende |
| 20. | tyvende |
| 21. | enogtyvende |
| 22. | toogtyvende |
| 30. | tredivte |
| 31. | enogtredivte |
| 40. | fyrretyvende |
| 50. | halvtredsindstyvende |
| 60. | tresindstyvende |
| 70. | halvfjerdsindstyvende |
| 80. | firsindstyvende |
| 90. | halvfemsindstyvende |
| 100. | hundrede |
| | |
| 26. juni: | den seksogtyvende juni |
| d. 26/6 | den seksogtyvende i sjette |
| | |
| 13. november: | den trettende november |
| d. 13/11 | den trettende i ellevte |

# Lektion 2 – Peter og Eva på kollegiet

Peter og Eva er på kollegiet. De er på Peters værelse.
Peter sidder på en stol og læser en bog. Han studerer hjertet.
Eva sidder på en stol og skriver. Hun skriver et brev. Hun drikker kaffe og spiser en appelsin.

Peter holder en pause. Han tænder for radioen og går hen til Eva.

## Dialog

Peter:    "Hvad laver du?"
Eva:      "Jeg skriver et brev til min mor."
Peter:    "Jeg er sulten. Jeg laver mad."
Eva:      "Fint. Jeg er også sulten."

Peter går ud i køkkenet og begynder at lave mad.

Kollegierne i Universitetsparken.

## Fakta ✓

Eva har en taske. Hun har en bog, en kuglepen, et æble og en pung i tasken.
Hun har et kørekort, et lånerkort og penge i pungen.

## Spørgsmål

1. Hvor er Peter og Eva? _____

2. Hvad laver Peter? _____

3. Hvem er Eva? _____

4. Hvad skriver Eva? _____

5. Hvad spiser Eva? _____

6. Hvad har Eva i tasken? _____

7. Hvad har hun i pungen? _____

# Lektion 3 – Carl

Peter har en ven. Han hedder Carl. Han bor også på Hejredalskollegiet.
Carl studerer økonomi og marketing på Handelshøjskolen i Århus.
Carl har en kæreste. Hun hedder Emma.

Hun læser ikke på Handelshøjskolen. Hun læser på universitetet. Hun studerer engelsk.
Emma bor i en lejlighed i Århus sammen med en veninde.

## Fakta ✓

På Emmas værelse er der et bord, to stole, en seng og en reol med bøger. På bordet står et ur, en lampe og et fotografi af Carl. Der står en taske på gulvet.

## Dialog

Carl:     "Hej, Emma. Hvordan går det?"
Emma:   "Meget godt. Hvad med dig?"
Carl:     "Fint, men jeg er lidt træt."
Emma:   "Jeg tager på universitetet nu. Vi ses i aften."
Carl:     "Ja. Hej, hej."
Emma:   "Hej."

## Fakta ✓

Århus er en uddannelsesby. Der er mange uddannelsesinstitutioner.
Der er et universitet og en handelshøjskole. Der er også tekniske skoler og seminarier.
Cirka 40.000 unge er under uddannelse i Århus. Mange studerende bor på kollegium.

## Spørgsmål

1. Hvad hedder Peters ven? _____

2. Hvad laver han? _____

3. Hvor bor han? _____

4. Hvem er Emma? _____

5. Hvor bor hun? _____

6. Hvad laver hun? _____

7. Hvad har Emma på værelset? _____

8. Hvor mange mennesker studerer i Århus? _____

9. Hvor skal Emma hen? _____

10. Hvor mange stole har du på dit værelse? _____

11. Hvor mange bøger har du? _____

12. Hvor mange mennesker er der i klassen? _____

13. Hvilke møbler har du på dit værelse? _____

14. Bor du i en lejlighed? _____

# En lejlighed

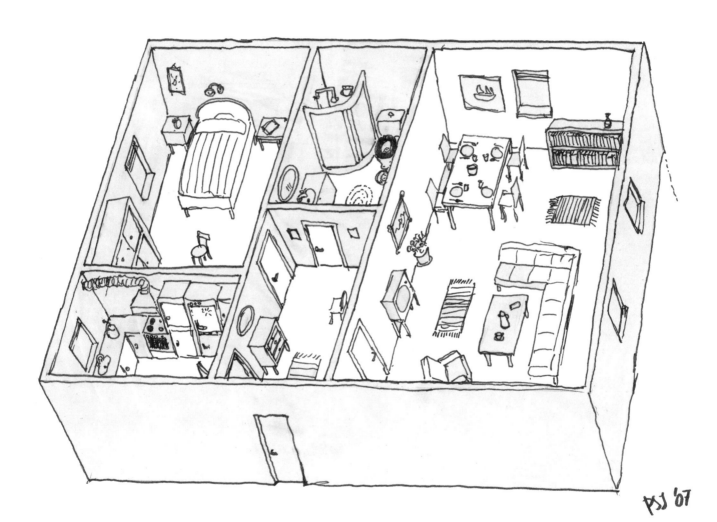

# Lektion 4 – Evas dag

Eva står op klokken 7 om morgenen. Hun tager et bad og børster tænder.
Hun spiser morgenmad klokken 7.30. Hun spiser yoghurt og drikker kaffe.
Kl. 7.55 kører hun på arbejde. Hun arbejder i en bank i Århus. Hun møder
klokken 8.15. Eva kan lide sit arbejde i banken.

Om aftenen er Eva sammen med sine venner. De går i biografen og på café.
De besøger også tit hinanden. Om sommeren griller de ofte.

Eva får fri klokken 16. Hun kører hjem. Hun går ind på sit værelse. Telefonen ringer.
Hun tager den: "Det er Eva."
    "Hej, det er Emma. Vil du med i biografen i aften?"
    "Ja, det vil jeg gerne. Hvad skal vi se?"
    "Titanic går i BioCity igen."
    "Hvornår?"
    "Kl. 19. Skal vi mødes foran biografen 18.45?"
    "Fint. Vi ses i aften."
    "Ja. Hej, hej"
    "Hej."

## Fakta ✓

**Morgenmad:** Mange danskere spiser müsli, yoghurt, brød og ost til morgenmad.
De drikker mælk, juice, te eller kaffe.

**Frokost:** Mange danskere spiser rugbrød med pålæg. De drikker vand, mælk,
te eller kaffe. Eller de spiser en burger eller en sandwich.

**Aftensmad:** Mange danskere spiser varm mad. Tidligere var det ofte kød
(en svinekotelet eller en bøf), sovs og kartofler.
Nu er danskerne inspireret af andre kulturers køkkener. For eksempel spiser de
gerne pizza, pastasalat og ris.
Mange danskere elsker at grille. Det gør de, når det er godt vejr.

## Spørgsmål

1. Hvornår står Eva op? _____

2. Tager hun et bad? _____

3. Hvornår spiser hun morgenmad? _____

4. Hvad spiser hun? _____

5. Drikker hun te? _____

6. Hvornår kører hun på arbejde? _____

7. Hvor arbejder hun? _____

8. Hvornår møder hun? _____

9. Hvornår får hun fri? _____

10. Hvad laver hun om aftenen? _____

11. Hvem ringer? _____

12. Hvorfor ringer hun? _____

13. Hvornår går filmen? _____

14. Hvornår står du op? _____

15. Hvornår spiser du morgenmad? _____

16. Drikker du kaffe om morgenen? _____

17. Hvornår går du i seng? _____

18. Cykler du til universitetet? _____

19. Går du tit i biografen? _____

# Tid, dage og måneder

et sekund
et minut
en time

Hvad er klokken?

Den er _____

| | | |
|---|---|---|
| mandag | en dag | en morgen |
| tirsdag | en weekend | en formiddag |
| onsdag | en uge | en eftermiddag |
| torsdag | en måned | en aften |
| fredag | et år | en nat |
| lørdag | | |
| søndag | | |

Hvilken dag er det i dag?

I dag er det _____

Hvilken dag er det i morgen?

I morgen er det _____

Hvilken dag er det i overmorgen?

I overmorgen er det _____

## Måneder

januar
februar
marts
april
maj
juni
juli
august
september
oktober
november
december

en årstid

forår
sommer
efterår
vinter

jul
nytår

# Hvad er klokken?

# Ellens dag

PSJ '07

# Hilsner

Goddag / dav / davs / hej
Farvel / hej / hej, hej

## Standardudtryk

Undskyld.
Jeg forstår ikke, hvad du siger.
Hvad siger du? /Hvad? / Hvad for noget? / Hvabehár?
Hav det godt. / Hav en god dag.
Vi ses. / På gensyn i morgen.
Tak. / Tak skal du have. / Mange tak. / Tusind tak.
Selv tak. / Tak i lige måde. / Det var så lidt. / Velbekomme!
Værsgo. / Tak for mad.

## Dialoger

A:  "Hej, hvordan går det?"
B:  "Fint, tak. Hvad med dig?"
A:  "Også fint."

A:  "Hvordan har du det?"
B:  "Godt, hvad med dig?"
A:  "Jeg har det også godt."
B:  "Hav en god weekend."
A:  "Tak i lige måde."

A:  "Hej, hvordan går det."
B:  "Tak, fint – hvad med dig?"
A:  "Også fint."
B:  "Hvad laver du?"
A:  "Jeg læser avis. Hvad med dig?"
B:  "Jeg er på vej på universitetet."

A: "Vil du med i biografen i aften?"
B: "Ja, det vil jeg gerne. Hvornår?"
A: "Klokken 19?"
B: "Det lyder fint. Vi ses i aften."
A: "Ja, hej, hej."

A: "Hvordan har du det?"
B: "Ikke så godt."
A: "Hvorfor ikke?"
B: "Jeg er forkølet."
A: "God bedring."
B: "Tak skal du have."

A: "Hvordan har du det?"
B: "Dårligt."
A: "Hvad er der i vejen?"
B: "Jeg har influenza."
A: "God bedring."
B: "Tak."

A: "Hvordan har du det?"
B: "Jeg forstår ikke, hvad du siger. Du taler for hurtigt."
A: "Nu skal jeg tale langsomt.
   Hvordan ... har ... du ... det?"
B: "Godt, tak, hvad med dig?"
A: "Også godt."

## Lav spørgsmål til svarene

Jeg har det fint. _____

Han har det dårligt. _____

Hun læser en bog. _____

Han studerer økonomi. _____

Hun bor på et kollegium i Århus. _____

Han er forkølet. _____

# Lektion 5 - Emma og Carl

Emma og Carl er studerende. De er også kærester. De bor på kollegium i Århus.

Emma taler to sprog: tysk og engelsk. Hun studerer engelsk.

Carl taler tre sprog: tysk, engelsk og spansk. Han har været udvekslingsstuderende i Spanien i et halvt år.

Carl og Emma har mange venner fra udlandet. De er udvekslingsstuderende. De studerer på universitetet og på handelshøjskolen.

De snakker med hinanden på engelsk og tysk. De snakker også lidt dansk. Carl og Emmas venner lærer dansk.

### ■ På kollegiet

Emma laver mad i køkkenet. Hun laver bøf med kartofler og salat med dressing. Carl bager brød. Han kan lide at bage brød. Emma kan lide at spise Carls brød. Hun spiser det med ost og tomat.

### ■ Studierne

Carl går til forelæsninger fire gange om ugen. Han har en studiegruppe, og han skriver en opgave.

Emma går også til forelæsninger. Hun går ikke til mange forelæsninger. Hun skriver speciale. Det handler om Shakespeare og hans teaterstykker.

### ■ Fester

Emma og Carl holder fester sammen med andre studerende. De danser. De hører musik. De snakker og griner. De drikker øl og vin.

### ■ Familien

Carl er 24 år. Carl har en søster og en bror. Han har også forældre. De bor ikke sammen. De er skilt. Hans mor og søskende bor i København, og hans far bor i Aalborg sammen med sin nye kone og deres børn.

Emma er 25 år. Emmas familie bor i Århus. Hun har en far og en mor, og hun har en bror. Emmas bror studerer på universitetet. Han læser biologi.

# Thomas' familie

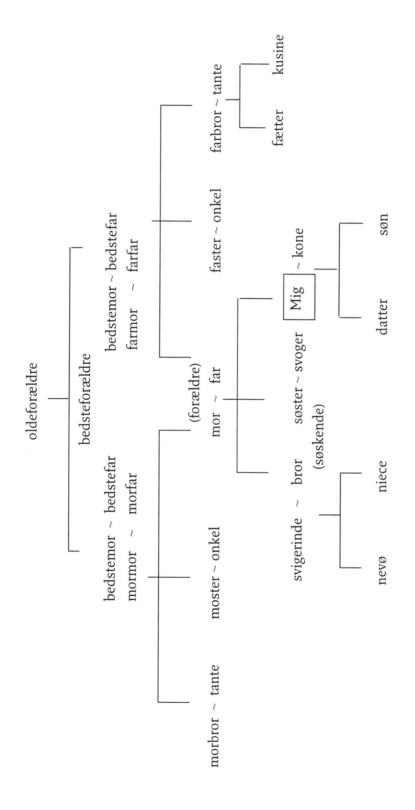

## Spørgsmål

1.  Hvem er Carl og Emma? _____

2.  Hvor mange sprog taler Carl? _____

3.  Hvilke sprog taler Emma? _____

4.  Hvad laver Carl og Emma til fester? _____

5.  Hvor kommer Carls og Emmas venner fra? _____

6.  Hvor bor Carls familie? _____

7.  Hvor mange søskende har Carl? _____

8.  Hvor bor Emmas forældre? _____

9.  Har Emma en søster? _____

10. Hvor gammel er Emma? _____

11. Hvad handler Emmas speciale om? _____

12. Hvad laver Emma i køkkenet? _____

13. Hvad laver Carl? _____

14. Kan Emma lide Carls brød? _____

15. Kan Emma lide at lave mad? _____

16. Hvor mange sprog taler du? _____

17. Hvilke sprog taler du? _____

18. Hvor kommer du fra? _____

19. Hvor gammel er du? _____

20. Har du en søster? _____

21. Hvor bor dine forældre? _____

22. Hvor gammel er din mor? _____

23. Hvor mange søskende har du? _____

24. Hvor bor dine søskende? _____

25. Hvad er dit telefonnummer? _____

26. Hvor gammel er din mormor? _____

27. Hvor mange fætre og kusiner har du? _____

28. Hvor mange brødre har du? _____

# Lektion 6 – Weekend

Det er torsdag eftermiddag. Peter sidder i universitetsparken og drikker kaffe sammen med sin studiekammerat, Thomas.

| | |
|---|---|
| Peter: | "Hvad skal du lave i weekenden?" |
| Thomas: | "Jeg skal til fødselsdag hos min søster i morgen. På lørdag skal jeg arbejde." |
| Peter: | "Hvor gammel bliver din søster?" |
| Thomas: | "Hun bliver 31. Hvad skal du lave i weekenden?" |
| Peter: | "Jeg skal i biografen i morgen aften, og på søndag skal jeg spille tennis. På lørdag skal jeg på café med nogle venner. Vil du med?" |
| Thomas: | "Ja, det vil jeg gerne. Hvornår?" |
| Peter: | "Kl. 19.30 på Englen." |
| Thomas: | "Jeg kan først komme kl. 20, fordi jeg skal arbejde til kl. 19." |
| Peter: | "Okay." |
| Thomas: | "Jeg skal til en forelæsning nu. Vi ses på lørdag." |
| Peter: | "Ja, det gør vi." |

Universitets-
parken.

## Spørgsmål

1. Hvad skal Thomas i morgen? _____

2. Hvor gammel bliver hans søster? _____

3. Hvornår skal Thomas arbejde? _____

4. Hvad skal Peter i morgen? _____

5. Hvad skal han på søndag? _____

6. Hvad skal Peter på lørdag? _____

7. Hvornår skal de mødes på caféen? _____

8. Hvorfor kan Thomas først komme kl. 20? _____

# Lektion 7 – Martin

Historien handler om en ung mand. Han hedder Martin. Han bor i Århus.

Han har en lejlighed med en stue, en spisestue, et soveværelse, et køkken og et badeværelse.

Martin elsker at have gæster. Han får gæster i aften. Carl, Emma, Eva og Peter kommer og besøger ham. Emma har også en ven med. Hun hedder Mercedes.

Det er fredag. Klokken er 16. Martin får fri fra arbejde. Han arbejder i en bank sammen med Eva. Nu skal han på indkøb.

Først går han til grønthandleren.

Grønthandleren: "Hvad skulle det være?"
Martin: "Jeg vil gerne have et kilo kartofler, et halvt kilo gulerødder og ti tomater. Har du avocadoer?"
Grønthandleren: "Ja, selvfølgelig."
Martin: "Så vil jeg gerne have fire avocadoer. Og fire løg og et hvidløg."
Grønthandleren: "Ja tak. Ellers andet?"
Martin: "Hvad koster bananerne?"
Grønthandleren: "De koster 3 kr. stykket."
Martin: "Jeg vil gerne have fem bananer og fire æbler."
Grønthandleren: "Ja tak. Det bliver 84 kr."
Martin: "Værsgo."
Grønthandleren: "Tak. Du får 16 kr. tilbage. Farvel og tak."
Martin: "Farvel."

Så går Martin til bageren.

Bageren: "Hvad skulle det være?"
Martin: "Jeg vil gerne have et stort, italiensk brød. Og en kage med chokolade."
Bageren: "Vi har to slags kager med chokolade. En chokoladetærte og en chokoladekage med mandler."
Martin: "Jeg tager en chokoladetærte."
Bageren: "Ja tak. Ellers andet?"
Martin: "Nej tak."

| | |
|---|---|
| Bageren: | "Det bliver 72 kr." |
| Martin: | "Jeg betaler med dankort." |
| Bageren: | "Hvor meget vil du have den på?" |
| Martin: | "På beløbet, tak." |
| Bageren: | "Ja, værsgo. Farvel og tak. Hav en god weekend." |
| Martin: | "Tak, i lige måde." |

Bagefter går Martin i supermarkedet. Han køber en kylling, to flasker vin, seks øl, en liter mælk og et stykke ost. Han går op til kassen. Kassedamen smiler til Martin og siger: "Det bliver 196,50." Martin betaler, pakker sine varer og går hjem.

Martin går ud i køkkenet og begynder at lave mad. Han laver kylling med kartofler og salat.

Klokken 19 ringer det på døren, og Martin går ud og åbner.

Martin siger: "Kom indenfor."

Gæsterne går ind i spisestuen og sætter sig ved bordet. Martin henter maden.

De spiser, drikker og snakker. De snakker om studierne.

Emma fortæller, hvad hun lavede i går. Hun siger: "Jeg stod tidligt op i går. Jeg var på uni allerede kl. 9. Jeg sad og læste og skrev hele formiddagen. Så spiste jeg frokost i kantinen på Statsbiblioteket. Bagefter læste jeg igen, og jeg blev først færdig kl. 19. Det var en lang dag, men jeg fik lavet meget."

Klokken 23 skal gæsterne hjem.

De siger: "Farvel og tak for i aften. Det var hyggeligt."

Martin siger: "Tak i lige måde."

Gæsterne går. Martin går ud i sit køkken og vasker op.

Han går i seng og sover klokken 24.

**Fakta ✓**

Når danskerne vil besøge hinanden, kommer de normalt ikke bare forbi. Det er almindeligt at lave en aftale på forhånd.

Når man kommer på besøg til spisning, tager man en flaske vin eller en buket blomster med.

Når man ser hinanden igen efter f.eks. en middag, siger man: "Tak for sidst!"

## Spørgsmål

1.  Hvem handler historien om? _____

2.  Hvor bor han? _____

3.  Hvad laver han efter arbejde? _____

4.  Hvorfor køber han ind? _____

5.  Hvad køber han hos bageren? _____

6.  Hvad køber han i supermarkedet? _____

7.  Hvad køber han hos grønthandleren? _____

8.  Hvor meget betaler han hos grønthandleren? _____

9.  Hvad laver han i sit køkken? _____

10. Hvornår kommer gæsterne? _____

11. Hvad snakker de om? _____

12. Hvornår går gæsterne hjem? _____

13. Hvad siger de? _____

14. Hvad siger Martin? _____

15. Hvornår går Martin i seng? _____

16. Spiller du fodbold? _____

17. Spiller du guitar? _____

18. Hvad køber du i supermarkedet? _____

19. Låner du mange bøger på biblioteket? _____

20. Kan du lide at lave mad? _____

21. Bor du i en lejlighed? _____

22. Skriver du breve til dine forældre? _____

23. Hvad er dit telefonnummer? _____

24. Hvornår står du op? _____

25. Hvornår går du i seng? _____

26. Cykler du til universitetet? _____

# Lektion 8 – Mercedes

Historien handler om en kvinde. Hun hedder Mercedes. Mercedes kommer fra Spanien. Det er et smukt land.

Mercedes er udvekslingsstuderende i Århus. Hun skal bo i Århus i et halvt år.
Hun studerer engelsk og dansk.
Hun går på danskkursus tre timer hver dag.

Mercedes bor på samme kollegium som Emma.
Det er et stort kollegium. Mercedes har et lille værelse.
Mercedes har en ny bil. Hun er meget glad for sin nye bil.
Den er grøn.

Mercedes er god til at lave mad. Hun laver spansk og mexicansk mad.
Hun laver mad til sine danske venner, Martin, Carl og Emma.
De elsker dejlig mad.

### Fakta ✓

Mercedes er ung og smuk. Hun er ikke høj.
Hun har brune øjne og sort hår.
Hun har nyt tøj på. Hun har en blå jakke, en rød kjole og røde sko på.

## Spørgsmål

1. Hvem handler historien om? _____

2. Hvor kommer hun fra? _____

3. Arbejder hun i Århus? _____

4. Bor hun på kollegium? _____

5. Cykler hun til universitetet? _____

6. Har Mercedes et stort værelse? _____

7. Hvordan ser Mercedes ud? _____

8. Hvad har hun på? _____

9. Kan Mercedes lide at lave mad? _____

10. Hvem laver hun mad til? _____

# Tøj

Jakke

Bukser og T-shirt

Skjorte

Støvler, sandaler og sko

BH, strømper, undertrøje og underbukser

Vanter, hue og halstørklæde

# Lektion 9 – Alexander

Alexander går til bageren. Han køber to store, søde kager og et lille franskbrød. De store, søde kager koster 21,50, og det lille franskbrød koster 7,95.

Han lægger kagerne og brødet ned i sin brune rygsæk.

Han går til slagteren. Han køber ½ kilo oksekød til hakkebøf.

Det koster 37,25.

Han tænker: "Mangler jeg mere mad? Ja, grøntsager og frugt."

Han går i supermarkedet og køber 5 orange gulerødder, et grønt salathoved, en grøn agurk, 8 røde æbler, 3 små gule pærer og en lille banan.

Han går hen til kassen. Han ser, at bananen er grøn. Han løber tilbage og bytter den. For grøntsager og frugt betaler han 45,50.

Han lægger varerne ned i rygsækken. Den er tung nu, fordi han har maden og mange tykke bøger i den. Han kommer lige fra Handelshøjskolen. Han er træt, fordi han har studeret hele dagen sammen med sin ven Carl, og han har lavet en svær opgave i økonomi.

Alexander er snart færdig med at studere. Så skal han arbejde. Han skal arbejde i sin fars lille firma. Faren sælger franske biler.

Alexander glæder sig til at blive færdig. Han er træt af at studere.

Alexander cykler hjem på sin gamle cykel. Det regner, men det tænker Alexander ikke på. Han drømmer: "Jeg vil tjene mange penge, køre i store biler, have smart tøj og flotte kærester."

## Spørgsmål

1. Hvorfor går Alexander til bageren? _____

2. Hvorfor køber han oksekød? _____

3. Hvorfor går han i supermarkedet? _____

4. Hvorfor er Alexander træt? _____

5. Hvorfor sælger han franske biler? _____

6. Hvorfor glæder han sig til at blive færdig? _____

7. Hvorfor er han træt af at studere? _____

# Lektion 10 – Martin og Mercedes

Martin ringer til Mercedes for at invitere hende på café.

| | |
|---|---|
| Mette: | "Det cr Mette." |
| Martin: | "Hej, det er Martin. Jeg vil gerne tale med Mercedes." |
| Mette: | "Et øjeblik." |
| Mercedes: | "Det er Mercedes." |
| Martin: | "Hej, det er Martin." |
| Mercedes: | "Hej, Martin. Tak for sidst." |
| Martin: | "Selv tak. Hvordan går det?" |
| Mercedes: | "Fint. Hvad med dig?" |
| Martin: | "Også fint. Jeg ville høre, om du vil med på café i aften." |
| Mercedes: | "Det kan jeg desværre ikke. Jeg skal læse sammen med Emma. Men jeg kan i morgen aften." |
| Martin: | "Det lyder fint. Skal vi gå på Drudenfuss?" |
| Mercedes: | "Det kan vi godt. Hvornår?" |
| Martin: | "Klokken 19?" |
| Mercedes: | "O.k." |
| Martin: | "Ved du, hvor Drudenfuss ligger?" |
| Mercedes: | "Ja, det tror jeg nok. Skal vi mødes der?" |
| Martin: | "Ja." |
| Mercedes: | "Må jeg invitere Emma med?" |

| | |
|---|---|
| Martin: | "O.k." |
| Mercedes: | "Jeg sender dig en sms, hvis hun kommer med." |
| Martin: | "Godt. Vi ses i morgen aften." |
| Mercedes: | "Ja, hej, hej." |
| Martin: | "Hej." |

Telefonsamtale.

# Lektion 11 – Jacob

Jacob kommer fra København. Han er 23 år. Han studerer historie på Aarhus Universitet. Han kan lide at studere. Jacob bor på et kollegium. Det hedder Skjoldhøjkollegiet. Han kan lide at bo på kollegiet.

Jacobs familie bor i København. Jacobs mor er læge, og hans far er lærer. Jacob har en lillesøster og en lillebror. De går i skole.

Jacob er ikke så høj, og han er tynd. Han er sorthåret, og han har brune øjne.

Han er genert og bliver let rød i hovedet.

I dag er det lørdag. Jacob er taget på café Sidewalk sammen med sin ven, Martin.

Han har drukket en øl. Han har drukket 2 øl. Han har drukket 3. Han har drukket 4. Nu drikker han den femte.

Jacob ser Helle. Hende har han set før.

Han kan ikke komme i tanke om, hvor det er. Nårh jo, det er i fredagsbaren. Jacob vil gerne snakke med hende, men han er genert. Han drikker en øl til. Han går hen til hende.

| | |
|---|---|
| Jacob siger: | "Dav. Jeg har set dig i fredagsbaren i Nobelparken." |
| Helle siger: | "Hej." |
| Jacob siger: | "Jeg hedder Jacob. Hvad hedder du?" |
| Helle svarer: | "Helle." |
| Jacob spørger: | "Vil du have en øl?" |
| Helle svarer: | "Nej tak." |
| Jacob spørger: | "Vil du have en kop kaffe?" |
| Helle svarer: | "Nej tak." |
| Jacob spørger: | "Vil du have et glas vin?" |
| Helle svarer: | "Nej tak." |
| Jacob er desperat. | |
| Han spørger: | "Hvad vil du have?" |
| Helle svarer: | "Ingenting." |
| Jacob spørger: | "Hvad laver du?" |
| Helle svarer: | "Ingenting." |
| Jacob spørger: | "Du må da lave noget?" |
| Helle svarer: | "Nej, ikke lige nu." |

Jacob giver op. Han går hjem. Han har det dårligt. Han har drukket for mange øl.

# Lektion 12 – Helle

Helle kommer fra Samsø. Nu bor hun i Århus, hvor hun studerer engelsk. Hun studerer på andet år. Hun er glad for sine studier.

Helle sidder i klassen. Læreren taler og taler. Han taler om Shakespeare.
Helle hører ikke efter.
Hun tænker på fyren, hun snakkede med i går.
Han var speciel.

"Helle, sidder du og sover?"
Helle får et puf i siden af Emma, som hun studerer sammen med.
Helle griner og hvisker:
"Næ, jeg sad og tænkte på en fyr, som jeg mødte på Sidewalk i går. Han var speciel. Jeg tror også, han var lidt fuld."
"Hvad hedder han?"
"Jacob. Jeg har set ham i fredagsbaren. Han er altid sammen med historiefolkene. Kender du ham?"
"Ja, måske. Hvordan ser han ud?"
"Han har kort, sort hår og brune øjne. Han er ikke så høj – lidt højere end mig."
"Jeg ved godt, hvem han er. Han er da meget sød."

Pludselig opdager de, at der er helt stille i klassen.
Alle kigger på dem.
De bliver knaldrøde i ansigterne. Og klassen begynder at grine.
Læreren spørger:
"Så kan jeg måske fortsætte?"

Efter timerne går Emma og Helle over i kantinen og spiser frokost.

Helle: "Hvad skal du lave i aften?"
Emma: "Det ved jeg ikke. Ikke noget."
Helle: "Vil du med i biografen?"
Emma: "Ja, det vil jeg gerne. Hvad skal vi se?"
Helle: "Hvad med 'Harry Potter'? Jeg har lige læst de første tre bøger."

Emma: "God idé. Jeg har ikke læst bøgerne, men jeg har set de første tre film. Hvornår går den?"

Helle: "Klokken 19. Den går i BioCity. Jeg mailer lige til Mercedes og spørger, om hun vil med."

Emma: "Fint. Bestiller du billetter?"

Helle: "Ja. Jeg skal alligevel tjekke min mail. Skal vi mødes foran biografen 18.45?"

Emma: "Ja. Vi ses i aften. Jeg har en aftale med min vejleder nu."

Helle: "Vi ses."

## Lav spørgsmål til svarene

1. Helle kommer fra Samsø. _____

2. Hun studerer sammen med Emma. _____

3. Nej, hun studerer på andet år. _____

4. Nej, hun studerer ikke geografi. _____

5. Ja, hun snakkede med Jacob. _____

6. Hun kender Jacob fra fredagsbaren. _____

7. Jacob har sort hår og brune øjne. _____

8. Emma og Helle skal i biografen i aften. _____

9. De skal se 'Harry Potter'. _____

10. Helle bestiller billetter. _____

11. De skal mødes kl. 18.45. _____

12. Foran biografen. _____

# Lektion 13 – På VoxHall

Det var en fredag aften i november. Udenfor hylede vinden. Jacob sad og læste. Han kiggede op fra bogen. Han gabte. Det var sgu da kedeligt at sidde her og læse … Og så en fredag aften. Telefonen ringede. Det var Martin:

"Hej, Jacob, vil du ikke med i byen? 'Under byen' spiller på VoxHall."

"Hvad koster det at komme ind?" spurgte Jacob.

"200 kroner, tror jeg," svarede Martin.

Tankerne fløj hurtigt gennem Jacobs hoved. 200 kroner…

Hvis han brugte 200 kroner nu, ville han ikke have mange penge til resten af måneden. Nå hvad, tænkte han, jeg tager bare hjem til mor og spiser. Og det er også snart den første.

"Tag nu med," afbrød Martin Jacobs tanker. "Jeg tror, at Mercedes og Helle også kommer."

"O.k. Jeg vil gerne med," sagde han.

Udenfor var det koldt. Jacob og Martin gik hurtigt for at holde varmen. Martin håbede, han ville møde Mercedes. Hun havde sagt, at hun måske ville komme.

Ved indgangen til VoxHall betalte de entré. De gik ind.

Indenfor kiggede de sig omkring.

Martin fik straks øje på Mercedes, Emma, Carl og alle de andre.

De sad ved et bord, hvor der var tomme pladser. De gik hen og satte sig.

Martin sagde til Jacob: "Jeg henter øl, vil du have en med? Jeg giver."

Han nikkede: "Ja tak."

Emma så på Jacob: "Nå, er du flad?"

"Tja, det er jeg vistnok."

Martin kom tilbage med øllene. Han gav den ene til Jacob, som sagde: "Tak skal du have."

Martin satte sig ved siden af Mercedes.

Hun smilede til ham. Martin blev genert. Han vidste ikke, hvad han skulle gøre eller sige. Mercedes lagde sin hånd på hans arm: "Skal vi danse?"

Jacob sad og så på de to. Han var misundelig.

Han kiggede efter Helle. Han kunne ikke se hende nogen steder.

# OPGAVER

# Substantiver

## ■ Singularis

| INDEFINIT | DEFINIT |
|---|---|
| En pige | pige**n** |
| En dreng | dreng**en** |
| En kvinde | |
| En mand | |
| En lampe | |
| En stol | |
| En kat | |
| En taske | |
| En bus | |
| En film | |
| En sko | |
| En plante | |

| INDEFINIT | DEFINIT |
|---|---|
| et hus | hus**et** |
| et træ | |
| et glas | |
| et vindue | |
| et billede | |
| et værelse | |
| et bord | |
| et fjernsyn | |
| et æble | |
| et universitet | |
| et hotel | |
| et sprog | |

# Pluralis

| | | |
|---|---|---|
| | En kvinde | to kvinder |
| | En pige | tre |
| | Et træ | seks |
| **-er** | Et billede | fire |
| | En bus | otte |
| | En skole | ti |
| | En bil | syv |
| | En ven | fem |

| | | |
|---|---|---|
| | En stol | fire stole |
| | En kat | tre |
| **-e** | Et bord | to |
| | Et hus | otte |
| | En dag | syv |
| | En sang | ni |

| | | |
|---|---|---|
| | Et glas | fire |
| | Et fjernsyn | to |
| **-** | En sko | to |
| | Et sprog | otte |
| | En øl | tre |
| | En film | fem |

# Substantiver

## ■ Alle former

| SINGULARIS | | PLURALIS | |
|---|---|---|---|
| INDEFINIT | DEFINIT | INDEFINIT | DEFINIT |
| en stol | | | |
| et træ | | | |
| | | | kvinderne |
| | | bøger | |
| | computeren | | |
| en kop | | | |
| et vindue | | | |
| | | aviser | |
| | toget | | |
| en mand | | | |
| | | | sønnerne |
| | | piger | |
| en sko | | | |
| en plante | | | |
| | året | | |
| en by | | | |
| et universitet | | | |
| | | drenge | |
| | | | glassene |

# Verber

## Præsens

■ **Indsæt et verbum i præsens**

1. A: Hvad _____ du?

   B: Jeg _____ musik.

2. Peter _____ mælk hver dag.

3. Mine venner _____ i København.

4. Jacob _____ aldrig morgenmad.

5. Min søster _____ 10 cigaretter om dagen.

6. Min datter _____ altid i telefon.

7. Carl _____ tv hver aften.

8. Peter _____ to aviser om morgenen.

9. Han _____ aldrig øl.

10. Hun _____ altid for sent.

11. Århus _____ i Østjylland.

12. De _____ altid på arbejde.

13. Eva _____ på et posthus.

14. Dorte _____ ind i supermarkedet.

15. Hun _____ kl. 7.30 om morgenen.

16. De _____ altid i seng kl. 12.00.

17. Jakob _____ medicin på Aarhus Universitet.

18. Han _____ på café med sine venner.

19. De _____ fodbold hver weekend.

20. Maria _____ to søstre.

# Præsens

■ **Indsæt verberne fra kassen i præsens**

Eva _____ 22 år gammel. Hun _____ på et kollegium i Århus.

Hun _____ engelsk på universitetet. Hun _____ også i en tøjbutik

hver lørdag.

Eva _____ normalt op klokken 8. Hun _____ et bad og _____ tæn-

der. Bagefter _____ hun morgenmad. Hun _____ kaffe og

appelsinjuice. Så _____ hun til universitetet. Hun _____ hjem

klokken 18. Klokken 19 _____ hun mad. Bagefter _____ hun

op. Om aftenen _____ Eva en bog eller _____ fjernsyn. Somme

tider _____ hun sine venner. De _____ tit i biografen eller på café.

Eva _____ i seng klokken 12.

---

**Infinitiv**

at spise          at bo          at lave

at cykle          at børste          at besøge          at komme

at tage          at se          at drikke          at gå

at læse          at studere

at være          at stå

at gå          at arbejde          at vaske

# Præteritum

■ **Skriv sætningerne i præteritum**

1. Peter drikker meget kaffe. _____

2. Eva cykler på arbejde. _____

3. Hun køber nye sko. _____

4. De læser mange bøger. _____

5. Han snakker med sine venner. _____

6. Han taler i telefon med sin mor. _____

7. De spiser middag på en restaurant. _____

8. Han laver mad på kollegiet. _____

9. Hun ser fjernsyn om aftenen. _____

10. Hun kører med bus til Aalborg. _____

11. Han spiller tit computerspil. _____

12. De svømmer om sommeren. _____

13. Hun går på café. _____

14. De tager toget til København. _____

15. Carl står op kl. 8 om morgenen. _____

16. De arbejder på et hospital. _____

17. Han studerer på universitetet. _____

18. Hun skriver et brev til sin kæreste. _____

19. Han besøger sin søster. _____

20. Martin fortæller om sin tur til Spanien. _____

# Fra præsens til præteritum

## ■ Læs teksten – find verberne

Rikke vågner. Det er sort nat. Stormen hyler udenfor. Rikke tænder lyset og ser på uret. Den er kun tre. Hun rejser sig og går hen til vinduet. Det sner. Sneen vælter ned fra himlen. Rikke går tilbage til sengen. Hun putter sig under dynen.

I morgen skal de til hendes mors 50-års fødselsdag. Hvorfor skal hun også have fødselsdag i januar?

Hun vender sig mod Daniel. Han snorker. Hun puffer blidt til ham.

## ■ Indsæt verberne i præteritum

Rikke _____. Det _____ sort nat. Stormen _____ udenfor.

Rikke _____ lyset og _____ på uret. Den _____ kun seks.

Hun _____ sig og _____ hen til vinduet. Det _____.

Sneen _____ ned fra himlen.

Rikke _____ tilbage til sengen. Hun _____ sig under dynen.

I morgen _____ de til hendes mors 50-års fødselsdag.

Hvorfor _____ hun også have fødselsdag i januar?

Hun _____ sig mod Daniel. Han _____. Hun _____ blidt til ham.

## ■ Indsæt et passende verbum i præteritum

Peter kommer ikke i dag. Han _____ her i går.

Fatima sidder i klassen klokken 9. I går _____ hun dog for sent.

Ali og Lisa taler sammen i telefon. I søndags _____ de i to timer.

Keiko går tur med sin hund. I forgårs _____ hun 15 kilometer.

Drengen har en ny taske. Hans mor _____ den til ham i lørdags.

Pigen køber en avis. I går _____ hun en gratis avis.

Jacob kører tit på cykel. Han _____ dog sin bil i går.

Mustafa studerer på universitetet i London. Han _____ i København, før han _____.

Sofie kommer fra USA. Hendes bedstemor _____ fra Danmark.

Han er ved stranden hver dag. I lørdags _____ han i telt derude.

Eva bliver vred på Peter. Det sker tit. Det _____ hun også i aftes.

Carl falder for Emma. Tidligere _____ han kæreste med Eva.

Anne giver Jens en bog i fødselsdagsgave. Det _____ hun også sidste år.

## Krydsord
**Hvad hedder ordene i datid?**

| Vandret: | | Lodret: | |
|---|---|---|---|
| **1** | at forlade | **1** | at få |
| **4** | at blive | **2** | at lægge |
| **6** | at lyde | **3** | at drikke |
| **7** | at holde | **4** | at bide |
| **10** | at gøre | **5** | at le |
| **11** | at dø | **6** | at lyve |
| | | **7** | at have |
| | | **8** | at ligge |
| | | **9** | at betyde |
| | | **10** | at gribe |

# Perfektum

■ **Indsæt verbet i parentesen i perfektum**

1. Han _____ mange bøger. (at købe)

2. _____ du _____ et brev til Peter? (at skrive)

3. De _____ for meget kaffe. (at drikke)

4. Han _____ at købe ind. (at glemme)

5. Hun _____ ti bøger på tre uger. (at læse)

6. Peter _____ syg. (at blive)

7. De _____ til Sydamerika. (at rejse)

8. Han _____ i Berlin i tre måneder. (at arbejde)

9. De _____ i fem timer. (at vente)

10. Hun _____ hjem. (at gå)

11. De _____ gift i fem år. (at være)

12. Han _____ aldrig _____ med hende. (at snakke)

13. De _____ en konkurrence. (at vinde)

14. Han _____ hele kagen. (at spise)

15. De _____ hunden. (at finde)

# Modalverber

■ **Skriv sætningen med en modalkonstruktion**

1. David køber et brød. (at ville) _____

2. Gitte forstår dansk. (at kunne) _____

3. Peter går på universitetet. (at skulle) _____

4. Jacob hører radio. (at ville) _____

5. Mercedes lærer dansk. (at skulle) _____

6. Emma læser bogen. (at måtte) _____

7. Carl spørger om vej. (at ville) _____

8. Eva køber en is. (at måtte) _____


■ **Indsæt et passende modalverbum**

1. _____ du sige mig, hvad klokken er?

2. _____ jeg ryge her?

3. _____ du have et glas vin eller en øl?

4. Jeg _____ ikke lide øl og vin, så jeg _____ gerne have en sodavand.

5. Ryger du? _____ du have en cigaret?

6. Hvad _____ du lave på lørdag?

7. _____ du med i biografen? Det _____ jeg desværre ikke.

   Jeg _____ arbejde.

8. Jacob _____ besøge sin familie i weekenden.

9. "_____ jeg sidde her?", spørger Peter. "Selvfølgelig," svarer Emma.

10. "_____ du have en kop kaffe?" "Ja, det _____ jeg gerne."

# Adjektiver

■ **Indsæt adjektivet i definit**

1. (rød) huset _____ <u>det røde hus</u> _____

2. (god) sangen _____

3. (ny) filmen _____

4. (smuk) pigen _____

5. (lille) bordet _____

6. (dejlig) kagen _____

7. (dårlig) kaffen _____

8. (stor) lejligheden _____

9. (høj) træet _____

10. (ung) manden _____

11. (gammel) computeren _____

12. (brun) tasken _____

13. (sort) bilen _____

14. (dyr) bogen _____ _____

15. (stor) byerne de store byer _____

16. (sjov) bøgerne _____

17. (dyr) billederne _____

18. (grøn) æblerne _____

19. (flot) husene _____

20. (billig) glassene _____

21. (blå) blomsterne _____

22. (lille) butikkerne _____

23. (ny) telefonerne _____

24. (pæn) jakkerne _____

25. (interessant) filmene _____

## Adjektiver

Skriv sætningerne uden adjektiver. Substantivet skal være i samme form (indefinit/ definit, singularis/pluralis).

1. Han bor i et gult hus i Sjællandsgade.

2. Hun køber den nye bog hos boghandleren.

3. Han snakker med den smukke kvinde på caféen.

4. De læser de spændende bøger hurtigt.

5. Hun har en grå kat.

6. Pigen bor i det røde hus tæt på universitetet.

7. Den gamle mand arbejder i en butik.

8. Hun køber de små borde i en butik i Nørregade.

9. Han giver hende de hvide blomster.

10. De kører med det hurtige tog til Berlin.

11. Den høje kvinde kører med bus på arbejde.

12. Manden går en tur i den store skov.

# Adjektiver

■ **Indsæt adjektivet i den rigtige form**

Peter bor i et _____ (rød) hus i Nørregade. Han har en _____ (lille)

lejlighed. Peter har to _____ (stor), _____ (hvid) hunde.

Hver dag cykler han på arbejde på sin _____ (grøn) cykel. Han har også

en _____ (gammel) bil. Den bruger han kun, hvis vejret er _____ (dårlig).

Peter arbejder i et _____ (stor) firma. Han er meget _____ (glad)

for sit arbejde, selvom det somme tider er lidt _____ (kedelig).

I aften skal Peter spise på en _____ (ny) restaurant sammen med

en _____ (gammel) ven. Hans _____ (gammel) ven er lige

kommet hjem fra en _____ (lang) ferie i Australien.

Kl. 19 går Peter hen på restauranten. Han er meget _____ (sulten). Hans

ven fortæller om sin _____ (interessant) rejse. Efter at have spist finder

de en _____ (hyggelig) café. De bestiller to _____ (lille)

fadøl og sætter sig ved et bord. De taler sammen en time, og så går de hjem, fordi de

begge er _____ (træt).

# Adjektivernes komparation

Peter er lille. Jens er _____. Søren er _____.

Århus er stor. København er _____. Rom er _____.

Kaffen er varm. Teen er _____. Suppen er _____.

Seks børn er mange. Ni er _____. Tolv er _____.

Reolen er lav. Bordet er _____. Sengen er _____.

Bogen er billig. Blyanten er _____. Kuglepennen er _____.

Gaden er bred. Vejen er _____. Motorvejen er _____.

Klokken 8 er tidligt. Klokken 7 er _____. Klokken 6 er _____.

Jens har få penge. Peter har _____. Louise har _____.

Eva er ensom. Kent er _____. Marie er _____.

Vejret er slemt. I morgen bliver det _____. På søndag bliver det _____.

Lene er ung. Adam er _____. Hans er _____.

Hans mor er gammel. Hans far er _____. Hans mormor er _____.

En cykel er dyr. En motorcykel er _____. En bil er _____.

# Personlige pronominer

## Erstat de understregede ord med pronominer

1. <u>Peter</u> giver <u>sin mor</u> <u>blomsterne</u>.

_____

2. <u>Ole</u> afleverer <u>bogen</u> til <u>Maria og Peter</u>.

_____

3. <u>Mette</u> spiser <u>kagen</u>.

_____

4. <u>Martin</u> får <u>gaven</u> af <u>Jakob</u>.

_____

5. <u>Emma</u> taler med <u>Mercedes</u>.

_____

6. <u>Carl og Emma</u> giver <u>Peter</u> <u>aviserne</u>.

_____

7. <u>Anders</u> køber <u>fjernsynet</u>.

_____

8. <u>Eva</u> ringer til <u>Martin</u>.

_____

9. <u>Peter</u> lægger <u>kuglepennen</u> på <u>bordet</u>.

_____

# Possessive pronominer

## Indsæt den rigtige form af det possessive pronomen

■ **min, mit, mine**

1.  Jeg kan ikke finde _____ ur.

2.  _____ brødre kommer og besøger mig.

3.  _____ far og mor flytter til Berlin.

4.  _____ nye bil er grøn.

5.  Jeg har glemt _____ solbriller på arbejde.


■ **din, dit, dine**

1.  Hvor er _____ bog?

2.  Skal du besøge _____ forældre i weekenden?

3.  Du glemte _____ jakke hjemme hos mig i går.

4.  _____ fjernsyn er gået i stykker.

5.  Der ligger en taske på stolen. Er det _____?


■ **vores, jeres, deres**

1.  Vi får besøg af _____ kolleger i aften. De tager _____ venner med.

2.  Vil I med i biografen på søndag? I kan tage _____ børn med.

3.  Til sommer skal vi på ferie sammen med _____ brødre og _____ koner.

4.  Besøger I tit _____ forældre? Nej, _____ forældre bor i Spanien.

# Possessive pronominer

■ **Indsæt hans, hendes, sin, sit, sine**

1.  Han taler med _____ kæreste.

2.  _____ datter var 8 år.

3.  _____ søn gik tur med _____ hund.

4.  Pigen legede med _____ legekammerater. De legede med _____ legetøj.

5.  Eva tog _____ frakke på.

6.  Morten kyssede _____ kone. _____ kone blev meget glad.

7.  Emma havde købt nye sko. Hun viste Peter _____ nye sko.

    Han så på _____ sko.

8.  Carl lånte et par bukser af Peter. Han tog _____ bukser på.

9.  Drengen kiggede på _____ søster, mens han tog _____ kage.

    Hun så ikke, at _____ kage var væk.

10. Moren pakkede _____ søns tøj. Han skulle rejse med _____ skole.

    Han var glad for, at _____ mor ville pakke tøj.

11. Mercedes kørte i _____ nye bil.

    _____ nye bil var en Folkevogn. Hun var glad for _____ nye bil.

12. Lene arbejder på et bibliotek. Hun er interesseret i _____ arbejde.

    Hun kan godt lide _____ kollegaer.

    _____ kollegaer kan også godt lide hende.

13. Jacob besøger _____ mormor. _____ mormor er en gammel

    kvinde. Hun bor i _____ hus.

    _____ hus ligger syd for Århus.

# Ordstilling

## Inversion

### ■ Eksempler

*Vi holder pause nu* **eller** *Nu holder vi pause.*
*Han kommer ikke i morgen* **eller** *I morgen kommer han ikke.*

1. Peter købte en ny computer i går. _____

2. Eva cykler på arbejde om sommeren. _____

3. Vi holder ikke pause i dag. _____

4. Mercedes kom til Danmark i august. _____

5. Emma cykler til universitetet hver dag. _____

6. Martin købte fem gule bananer i supermarkedet. _____

_____

7. Martin går i seng kl. 23. _____

8. Han står op klokken 7. _____

9. Han lavede ikke mad i går. _____

10. Han rejser til Italien i december. _____

11. Peter var i biografen i går aftes. _____

12. Han læste ikke avisen i går. _____

13. Han læser avis hver morgen. _____

14. Han kommer hjem klokken 5. _____

15. Hun tager toget til København i overmorgen. _____

_____

16. Hun rejser til Paris om en uge. _____

17. Han rejste til Kina for tre måneder siden. _____ _____

18. Han spiser altid frokost i kantinen. _____

19. Helle besøger sin veninde hver tirsdag. _____

20. Peter spiller fodbold med sine venner om sommeren. _____

_____

## Ordstilling

### ■ Sæt ordene i rigtig rækkefølge

1. i / studerer / Århus / Peter / universitetet / på _____

2. kaffe / altid / Emma / om / drikker / morgenen _____

3. biografen / hver / de / i / går / lørdag _____

4. op / Eva / klokken / morgenen / står / om / 8 _____

5. hele / dansede / aftenen / Jacob _____

6. bor / lille / Alexander / lejlighed / i / Århus / en / i _____

_____

7. lide / Carl / mad / at / kan / lave _____

8. om / hvornår / står / morgenen / Martin / op /? _____

_____

9. studerede / Helles / København / på / i / universitetet / kæreste _____

_____

10. i / Martin / ind / supermarkedet / købte _____

11. at / fest / til / Jacob/ elsker / gå _____

12. god / at / Eva / til / er / danse _____

13. forældre / Carl / lørdags / besøgte / sine / i / Odense / i _____

_____

14. en / i / Peter / i / så / fjernsynet / går / film / italiensk _____

_____

15. søskende / mange / Carl / har / hvor /? _____

# Konjunktioner

## Indsæt da/når

Han spiser, _____ han kommer hjem.

I går købte hun mad, _____ hun var på vej hjem.

Han får kørekort, _____ han bliver 18 år.

Hans far fik kørekort, _____ han var 20 år.

_____ hendes far kom hjem, gav han hende en gave.

Hun cykler til skole, _____ vejret er godt.

_____ det er dårligt vejr, tager hun bussen.

Han drikker mange øl, _____ han er til fest.

Hun bliver sur, _____ du kommer for sent hjem.

Det regnede, _____ de gik tur i skoven.

Han låner bøger og musik, _____ han er på biblioteket.

Telefonen ringede, _____ Alexander var i bad.

Hun har altid travlt, _____ de skal have fest på kollegiet.

## Indsæt om/hvis

Hun spørger, _____ han vil med i biografen.

Hun siger, at hun gerne vil, _____ hun har råd.

Han vil komme, _____ hans cykel er i orden.

Pia vil vide, _____ Mikkel er en sød fyr.

_____ du har tid, kan vi gå en tur.

Han bliver nervøs, _____ hans datter ikke ringer eller skriver.

Vi ringer, _____ vi ikke kan komme.

Han vil gerne vide, _____ der går tog om søndagen.

Hun bliver sur, _____ du kommer for sent hjem.

Karen kunne ikke høre, _____ Josef var dansker eller udlænding.

Vil du med i byen, _____ jeg betaler?

Send en e-mail til mig, _____ du vil med.

# Relative pronominer

■ **Skriv de to sætninger sammen til én sætning ved hjælp af et relativpronomen**

1.  Peter har en ven. Han hedder Carl. _____

2.  Helle taler med en mand. Hun møder ham på en café. _____

3.  Carl har en kæreste. Hun studerer engelsk. _____

4.  Martin bor i en lejlighed. Den ligger i Nørregade. _____

5.  Emma læser en bog. Hun har fået den af sin far. _____

6.  Mercedes køber en bil. Den er rød. _____

7.  Martin laver mad til sine venner. Han får besøg af dem i aften. _____

    _____

8.  Jacob snakker med en pige. Hun hedder Helle. _____

9.  Mercedes og Martin går på en café. Den ligger i Studsgade. _____

    _____

10. Emma skal på ferie sammen med en veninde. Hun bor i Odense. _____

    _____

# Tidspræpositioner

| mandag | tirsdag | onsdag | torsdag | fredag | lørdag | søndag |
|--------|---------|--------|---------|--------|--------|--------|
|        |         |        |         |        |        | 1.     |
| 2.     | 3.      | 4.     | 5.      | 6.     | 7.     | 8.     |
| 9.     | 10.     | 11.    | 12.     | 13.    | 14.    | 15.    |
| 16.    | 17.     | 18.    | 19.     | 20.    | 21.    | 22.    |
| 23.    | 24.     | 25.    | 26.     | 27.    | 28.    | 29.    |
| 30.    | 31.     |        |         |        |        |        |

■ **Indsæt en passende tidspræposition**

Lav øvelsen, som om det i dag er torsdag den 19. august.

1. _____ var det onsdag.
   (d. 18. aug.)

2. _____ var jeg i biografen.
   (d. 14. aug.)

3. _____ skal jeg til København.
   (d. 22. aug.)

4. _____ drak jeg kaffe.
   (d. 19. aug. kl. 7.30-8.00)

5. _____ er det fredag.
   (d. 20. aug.)

6. _____ var jeg på café.
   (d. 18. aug. kl. 21-22)

7. _____ besøgte jeg en ven.
   (d. 15. aug.)

8. _____ er der fest.
   (d. 21. aug.)

9. _____ læser jeg dansk.
   (d. 19. aug. kl. 20-22)

10. _____ skal jeg i teatret.
    (d. 24. aug.)

# Tidspræpositioner

■ **Indsæt et passende tidsudtryk**

Eksempel:

*Om tirsdagen spiller jeg tennis.*

1. _____ drikker jeg kaffe og læser avis.

2. _____ studerer jeg eller mødes med venner.

3. _____ går jeg på café.

4. _____ står jeg på ski.

5. _____ spiller jeg badminton.

6. _____ danser jeg salsa.

7. _____ svømmer jeg i havet.

8. _____ går jeg på danskkursus.

9. _____ ser jeg fjernsyn.

10. _____ går jeg i biografen.

11. _____ går jeg til fest.

■ **For _____ siden**

13. Jeg kom til Danmark _____.

14. Jeg blev født _____.

15. Jeg stod op _____.

16. Jeg spiste morgenmad _____.

# Tidspræpositioner

■ **Indsæt den rigtige tidspræposition. Der kan være flere muligheder**

1. De var til fest _____. (aften)

2. Han arbejder kun _____. (fredag)

3. Hun skal på arbejde _____. (to timer)

4. Hun hører radio _____. (morgen)

5. Hun rejste til Amsterdam _____. (lørdag)

6. Hun kom hjem _____. (i går)

7. Hun begyndte på universitetet _____. (en uge)

8. Man kan låne bøger _____. (formiddag)

9. Han begynder på universitetet _____. (mandag)

10. Familien har været på ferie _____. (14 dage)

11. Familien skal på ferie _____. (14 dage)

12. Butikkerne har sent åbent _____. (fredag)

13. Han boede i Danmark _____. (et år)

14. Han skal bo i Danmark _____. (tre år)

15. Han var i biografen _____. (aften)

16. Han vil også i biografen _____. (aften)

17. Han har først råd til at købe en bil _____. (to år)

18. _____ vil hun tidligt i seng. (aften)

19. Toget kører _____. (tre minutter)

20. Hun går altid i bad _____. (morgen)

21. Hvor var du henne _____. (tirsdag)

22. Han stod tidligt op _____. (morgen)

23. Hvad skal du lave _____. (mandag)

24. Hvad lavede du _____. (mandag)

25. Hvad skal du lave _____. (weekend)

26. Hvad lavede du _____. (to måneder)

27. Hvad lavede du _____. (morgen)

# Forkortede svar

| At være | Er han fra Tyskland? | Ja, det **er** han. |
| --- | --- | --- |
| | Er du træt? | Nej, det **er** jeg ikke. |
| | Var du til fest i lørdags? | Ja, det **var** jeg. |
| At have | Har hun søskende? | Ja, det **har** hun. |
| | Har du købt en ny cykel? | Nej, det **har** jeg ikke. |
| | Havde I gæster i går? | Nej, det **havde** vi ikke. |

| At skulle | Skal de til København? | Ja, det **skal** de. |
| --- | --- | --- |
| | Skal han arbejde i morgen? | Nej, det **skal** han ikke. |
| | Skulle du arbejde i weekenden? | Ja, det **skulle** jeg. |
| At ville | Vil du have en kop kaffe? | Ja, det **vil** jeg *gerne.* |
| | Vil I med i biografen | Nej, det **vil** vi ikke. |
| At kunne | Kan du tale dansk? | Ja, det **kan** jeg. |
| | Kan han lide æbler? | Nej, det **kan** han ikke. |
| | Kunne de lide gaven? | Ja, det **kunne** de. |
| At måtte | Må jeg låne en kuglepen? | Ja, det **må** du gerne. |
| | Må jeg ryge her? | Nej, det **må** du ikke. |

| Alle andre verber | Cykler du på arbejde? | Ja, det **gør** jeg. |
| --- | --- | --- |
| | Spiller du fodbold? | Nej, det **gør** jeg ikke. |
| | Arbejdede du i går? | Ja, det **gjorde** jeg. |
| | Besøgte du din søster? | Nej, det **gjorde** jeg ikke. |

# Spørgsmål

## ■ Brug forkortede svar

1. Hører du tit radio? _____

2. Kan du tale fransk? _____

3. Læser du aviser hver dag? _____

4. Har du mange søskende? _____

5. Bor dine forældre i Italien? _____

6. Kan du lide kinesisk mad? _____

7. Skal du på sommerferie i år? _____

8. Har du en bil? _____

9. Går du tit i biografen? _____

10. Cykler du til universitetet? _____

11. Var du på ferie i sommer? _____

12. Vil du have en ny computer? _____

13. Boede du i Paris for to år siden? _____

14. Har du en søster? _____

15. Kan du køre bil? _____

16. Er du god til at danse? _____

17. Arbejder du i weekenden? _____

18. Vil du gerne bo i New York? _____

19. Har du en cykel? _____

20. Kan du lide at lave mad? _____

21. Bor du i en lejlighed? _____

22. Har du en kat? _____

# Adverbier

### ■ Indsæt adverbiet i hovedsætningen

Det er dejligt vejr i dag. (ikke)

Hun spiser mange grøntsager. (altid)

Vi vil lære dansk. (gerne)

Hun hører radio. (aldrig)

Han ser fjernsyn. (sjældent)

Hun kan høre musikken. (næsten ikke)

Hun vil på museum. (gerne)

Han er sur i dag. (ikke)

Vi holder pause. (snart)


### ■ Indsæt adverbiet i bisætningen

Hans kommer, fordi han vil møde Birte. (gerne)

Hun sover for længe, fordi hun har hørt vækkeuret. (ikke)

De blev enige om, at de ville rejse til Rom. (ikke)

Han var sikker på, at hun kom. (snart)

Han solgte sin bil, som havde været billig. (ikke)

Hun fortalte, at de skulle møde kl. 9.00. (også)

Det var toget, som de kørte med. (ofte)

Hun siger til ham, at han skal komme tidligt hjem. (altid)

Det var pigen, som jeg kendte. (ikke)

Jeg ved, at det bliver forår. (snart)

Han synes, at det er en god idé. (måske)

Han tager pænt tøj på, fordi han skal til fest. (snart)

Hans mor er ked af det, fordi han kommer hjem. (sjældent)

Hun kører på cykel, fordi hun vil. (gerne)

Hun sagde, at det var dyrt at købe mad. (ikke)

Manden fortalte, at det var en spændende film. (ikke)

# Adverbier – hvilken sætning betyder det samme?

### ■ 1. Lene skal snart til Odense

a)    Lene har været i Odense.

b)    Lene tager til Odense i den nærmeste fremtid.

c)    Lene skal ikke til Odense.

d)    Lene skal til Odense nu.


### ■ 2. Anna er altid træt

a)    Anna er træt hele tiden.

b)    Anna er sjældent træt.

c)    Anna er træt nu.


### ■ 3. De går tit i biografen

a)    De går ofte i biografen.

b)    De går næsten aldrig i biografen.

c)    De går i biografen nu.

d)    De går nok i biografen i morgen.


### ■ 4. Alex vil gerne bage en kage

a)    Alex bager en kage nu.

b)    Alex ønsker at bage en kage.

c)    Alex kan godt lide at bage en kage.


### ■ 5. Pigen skal også i skole

a)    Pigen skal måske i skole.

b)    Pigen skal snart i skole.

c)    Pigen skal i skole sammen med andre.

d)    Pigen vil gerne i skole.


### ■ 6. Manden har kun 5 kroner

a)    Manden har cirka 5 kroner.

b)    Manden har ikke 5 kroner.

c)    Manden har hverken mere eller mindre end 5 kroner.

## Adverbier – vælg et passende svar

1. Peter spørger Lise: Kommer du i morgen?
   Hun ved endnu ikke, om hun kommer.
   Hun svarer:
   a) Jeg kommer måske.
   b) Jeg kommer ikke.
   c) Ja, jeg kommer.
   d) Ja, jeg vil gerne komme.

2. Lise spørger: Mon du kan huske at købe mælk?
   Ane svarer:
   a) Nej, det kan jeg ikke.
   b) Ja, det tror jeg.
   c) Nej, jeg vil ikke købe mælk.
   d) Ja, det skal jeg nok.

3. Eva spørger: Har du penge nok til at gå i biografen?
   Daniel svarer:
   a) Ja, det tror jeg nok.
   b) Nej, jeg gider ikke gå i biografen.
   c) Ja, selvfølgelig.

4. Pigen spørger: Er du stadig her?
   Han svarer:
   a) Måske.
   b) Ja.
   c) Nej.

# Statisk eller dynamisk form af adverbiet

Ud – ude
Ind – inde
Hen – henne
Hjem – hjemme
Op – oppe
Ned – nede

### ■ Ud eller ude

Træerne står _____ i haven.

Hun går _____ hver fredag.

Børnene leger _____ i haven.

Jeg rejser _____ i verden.

### ■ Ind eller inde

Katten ligger _____ i stuen.

Drengen går _____ på sit værelse.

Vil du med _____ i huset?

Jeg er _____ nu.

### ■ Hjem eller hjemme

Hvornår går du _____?

Er du _____ i aften?

Mette skal _____ til Eva på lørdag.

Hun arbejder _____.

# GRAMMATIK

# Substantiver

## Substantiver har

| to køn (genus) | utrum (fælleskøn, n-ord) | neutrum (intetkøn, t-ord) |
| to tal | singularis og pluralis (ental og flertal) |
| to former | indefinit og definit (ubestemt og bestemt) |

Utrum har artiklen **en:**    en mand
                              en kvinde

Neutrum har artikel **et:**    et hus
                               et bord

Cirka 75 % af substantiverne er utrum.

## Singularis – indefinit og definit

Definit singularis dannes ved at sætte artiklen bag på substantivet:

| INDEFINIT | DEFINIT |
| --- | --- |
| en mand | manden |
| en kvinde | kvinden |
| et hus | huset |
| et træ | træet |

Hvis ordet indeholder en kort vokal, som der er tryk på, fordobles den efterfølgende konsonant:

| INDEFINIT | DEFINIT |
| --- | --- |
| En kat | katten |
| En bus | bussen |
| En billet | billetten |

# Pluralis – indefinit og definit

■ **Substantiver kan deles i tre grupper, som har forskellige endelser i pluralis**

1.   Ord, der ender på **-er** i indefinit pluralis

|           | INDEFINIT | DEFINIT  | INDEFINIT | DEFINIT  |
|-----------|-----------|----------|-----------|----------|
| singularis | en pige   | pige**n**  | et træ    | træ**et**  |
| pluralis   | pige**r**   | pige**rne** | træ**er**   | træ**erne** |

2.   Ord, der ender på **-e** i indefinit pluralis

|           | INDEFINIT | DEFINIT  | INDEFINIT | DEFINIT  |
|-----------|-----------|----------|-----------|----------|
| singularis | en kat    | katt**en**  | et bord   | bord**et**  |
| pluralis   | katt**e**   | katt**ene** | bord**e**   | bord**ene** |

3.   Ord uden endelse i indefinit pluralis

|           | INDEFINIT | DEFINIT  | INDEFINIT  | DEFINIT     |
|-----------|-----------|----------|------------|-------------|
| singularis | en sko    | sko**en**  | et fjernsyn | fjernsyn**et**  |
| pluralis   | sko       | sko**ene** | fjernsyn    | fjernsyn**ene** |

# Uregelmæssige substantiver

Uregelmæssige substantiver kan ændre vokal fra singularis til pluralis

|           | INDEFINIT | DEFINIT  | INDEFINIT | DEFINIT  |
|-----------|-----------|----------|-----------|----------|
| singularis | en bog    | bogen    | en mand   | manden   |
| pluralis   | bøger     | bøgerne  | mænd      | mændene  |
| singularis | et barn   | barnet   | en bror   | broren   |
| pluralis   | børn      | børnene  | brødre    | brødrene |

# Verber

## Verber har

### ■ Former
- Infinitiv
- Præsens participium - lang tillægsform (bruges som adjektiv)
- Perfektum participium - kort tillægsform (bruges til at danne perfektum)

### ■ Tider
- Præsens - nutid
- Præteritum - datid
- Perfektum - førnutid
- Pluskvamperfektum - førdatid
- Futurum - fremtid

## Infinitiv

**Infinitiv** ender oftest på **-e**:

| | |
|---|---|
| at være | at hedde |
| at læse | at studere |
| at arbejde | at komme |

Ellers på en anden vokal:

| | |
|---|---|
| at bo | at gå |
| at tro | at få |

# Præsens

**Præsens** ender på **-r**:

| | |
|---|---|
| jeg taler | jeg bor |
| jeg læser | jeg går |

Verber har den samme endelse i alle personer:

| | SINGULARIS | PLURALIS |
|---|---|---|
| 1. person | jeg hedder | vi hedder |
| 2. person | du / De hedder | I / De hedder |
| 3. person | han hedder<br>hun hedder<br>den hedder<br>det hedder | de hedder |

Der er meget få verber, der er uregelmæssige i præsens:

| INFINITIV | PRÆSENS |
|---|---|
| at være | er |
| at have | har |
| at gøre | gør |
| at vide | ved |
| at synes | synes |

# Præteritum

**Præteritum** inddeles i tre grupper:

**Gruppe 1** ender på **-ede** eller **-de**:

| | |
|---|---|
| jeg lave**de** | du arbejde**de** |
| han svare**de** | hun svømme**de** |
| de bo**ede** | du tro**ede** |

**Gruppe 2** ender på **-te**:

| | |
|---|---|
| jeg læs**te** | han køb**te** |
| vi kør**te** | hun tænk**te** |
| jeg hør**te** | du tal**te** |

**Gruppe 3** er de irregulære verber (se liste over uregelmæssige verber side 23-25):

| | |
|---|---|
| jeg var | du havde |
| hun gik | de tog |

# Perfektum

Perfektum dannes af præsens af '**at have**' eller '**at være**' plus perfektum participium af hovedverbet.

   Verberne i de tre grupper i præteritum har også forskellige endelser i perfektum participium.

## Gruppe 1: <u>-et</u>

| INFINITIV | PRÆSENS | PRÆTERITUM | PERFEKTUM |
|-----------|---------|------------|-----------|
| at arbejde | arbejder | arbejdede | har arbejd**et** |
| at lave | laver | lavede | har lav**et** |
| at bo | bor | boede | har bo**et** |

## Gruppe 2: <u>-t</u>

| at læse | læser | læste | har læs**t** |
|---------|-------|-------|--------------|
| at købe | køber | købte | har køb**t** |
| at høre | hører | hørte | har hør**t** |

## Gruppe 3: irregulære verber, ender typisk på <u>-et</u> eller <u>-t</u>

| at gå | går | gik | er gået |
|-------|-----|-----|---------|
| at drikke | drikker | drak | har drukket |
| at finde | finder | fandt | har fundet |
| at sidde | sidder | sad | har siddet |

| Transitive verber bruger 'at have' som hjælpeverbum: | Han har købt bogen.<br>De har spist kagen. |
|------------------------------------------------------|--------------------------------------------|
| Intransitive verber bruger 'at være': | Hun er rejst til Paris.<br>De er flyttet til Århus. |
| Intransitive verber, der ikke involverer en bevægelse, bruger 'at have': | Vasen har stået på reolen. |

## Pluskvamperfektum

Pluskvamperfektum bruger præteritum af **at have** eller **at være** og perfektum participium.

Han havde købt en cykel.
Hun havde arbejdet i seks uger.
De havde boet i Paris.

## Futurum

Har ikke en speciel form på dansk, men udtrykkes med præsens (og et tidsadverbial) eller med modalverberne **skulle** og **ville** (se næste afsnit).

Jeg **rejser** til København **i morgen**.
Jeg **skal rejse** til København **på torsdag**.
Jeg **vil rejse** til København **til sommer**.

# Modalverber

Der er fire modalverber:

| | |
|---|---|
| at ville | at skulle |
| at kunne | at måtte |

De er uregelmæssige i alle tider:

| INFINITIV | PRÆSENS | PRÆTERITUM | PERFEKTUM |
|---|---|---|---|
| at skulle | skal | skulle | har skullet |
| at ville | vil | ville | har villet |
| at kunne | kan | kunne | har kunnet |
| at måtte | må | måtte | har måttet |

Modalverberne efterfølges af en infinitiv uden 'at':

Hun kan tale fransk.          Han skal arbejde i morgen.

De vil læse avisen.          Jeg må købe nye sko.

■ **Er der kun én mulighed for handling, behøver man ikke et hovedverbum:**

Jeg skal i biografen i aften.

Hun vil til København i weekenden.

Han skal til tandlæge i eftermiddag.

Jeg vil vaske op i aften.

## Modalverbernes betydning

**at ville**: udtrykker vilje, ønske eller futurum:

| | |
|---|---|
| Vilje: | Jeg vil gå. |
| Ønske: | Jeg vil gerne have en bil. |
| Fremtid: | Jeg vil i biografen i morgen. |

**at skulle**: udtrykker ordre, nødvendighed eller futurum:

| | |
|---|---|
| Ordre: | Du skal op nu. |
| Nødvendighed: | Jeg skal gå nu, min bus kører kl. 7. |
| Futurum: | De skal spise på restaurant på torsdag. |

**at kunne**: udtrykker evne eller mulighed:

| | |
|---|---|
| Evne: | Hun kan tale fransk. |
| Mulighed: | Han kan godt købe ind i morgen, supermarkedet har åbent. |

**at måtte**: udtrykker tilladelse eller nødvendighed:

| | |
|---|---|
| Tilladelse: | Han må ikke ryge her. |
| Nødvendighed: | Jeg må købe ind, for jeg har ikke mere mad. |

# Adjektiver

## Adjektiver har

- singularis og pluralis
- indefinit og definit

Adjektiver kan stå attributivt eller prædikativt.
Et attributivt adjektiv står altid foran substantivet:

en grå kat
et højt træ

Når adjektivet står attributivt:

|  | INDEFINIT | DEFINIT | INDEFINIT | DEFINIT |
|---|---|---|---|---|
| singularis | en stor taske | den store taske | et højt træ | det høje træ |
| pluralis | store tasker | de store tasker | høje træer | de høje træer |
| singularis | en god film | den gode film | et pænt hus | det pæne hus |
| pluralis | gode film | de gode film | pæne huse | de pæne huse |

■ **Eksempler**

Den store taske står på bordet.
Peter bor i det store hus.
Han så en god film i biografen i går.

Når adjektivet står prædikativt:

| | INDEFINIT | DEFINIT | INDEFINIT | DEFINIT |
|---|---|---|---|---|
| singularis | en taske er stor | tasken er stor | et træ er høj**t** | træe**t** er høj**t** |
| pluralis | tasker er stor**e** | taskerne er stor**e** | træer er høj**e** | træerne er høj**e** |
| singularis | en film er god | filmen er god | et hus er pæn**t** | huset er pæn**t** |
| pluralis | film er god**e** | filmene er god**e** | huse er pæn**e** | husene er pæn**e** |

■ **Eksempler**

Tasken er <u>stor</u>.
Huset er <u>stort</u>.
Filmene er <u>gode</u>.

## Uregelmæssige adjektiver

Der er kun ét adjektiv, der ændrer form fra indefinit til definit: adjektivet **lille.** Det ændrer også form i pluralis til **små. Lille** findes ikke med -t, og **små** findes ikke med -e:

| | INDEFINIT | DEFINIT | INDEFINIT | DEFINIT |
|---|---|---|---|---|
| singularis | en lille kat | den lille kat | et lille barn | det lille barn |
| pluralis | små katte | de små katte | små børn | de små børn |

Andre adjektiver har små uregelmæssigheder:
Adjektiver, der ender på en vokal, får ikke et -e i pluralis og bestemt form:

| | INDEFINIT | DEFINIT | INDEFINIT | DEFINIT |
|---|---|---|---|---|
| singularis | en grå kat | den grå kat | et gråt hus | det grå hus |
| pluralis | grå katte | de grå katte | grå huse | de grå huse |

# Adjektivernes gradbøjning

Adjektiver bøjes i grader, hvis man vil sammenligne nogle eller noget:

| POSITIV | KOMPARATIV | SUPERLATIV | Definit SUPERLATIV |
|---------|------------|------------|--------------------|
| høj | høj**ere** | høj**est** | den/det/de højeste |
| kold | kold**ere** | kold**est** | den/det/de koldeste |
| ny | ny**ere** | ny**est** | den/det/de nyeste |
| varm | varm**ere** | varm**est** | den/det/de varmeste |
| smuk | smuk**kere** | smuk**kest** | den/det/de smukkeste |

Adjektiver, der ender på **-tig**, **-lig**, **-som**, ender på **-st** i superlativ:

| POSITIV | KOMPARATIV | SUPERLATIV |
|---------|------------|------------|
| hurtig | hurtig**ere** | hurtig**st** |
| venlig | venlig**ere** | venlig**st** |
| morsom | morsom**mere** | morsom**st** |

I komparativ bruger vi ofte <u>end</u>, når vi sammenligner:

> Peter er højere **end** Thomas.
> Camilla kan løbe hurtigere **end** Lars.

Superlativ har også en definit form:

> Peter er **den højeste**.
> Emma er **den klogeste**.

# Adjektiver med uregelmæssig gradbøjning

| | | |
|---|---|---|
| meget | mere | mest |
| mange | flere | flest |
| få | færre | færrest |
| lidt | mindre | mindst |
| lille | mindre | mindst |
| stor | større | størst |
| god | bedre | bedst |
| gammel | ældre | ældst |
| ung | yngre | yngst |
| lang | længere | længst |
| ond/slem | værre | værst |

**Bemærk**: Nogle adjektiver kan kun gradbøjes med *mere* og *mest*.

## ■ Præsens- og perfektum-participier

bekymret, mere bekymret, mest bekymret
brugt, mere brugt, mest brugt
smilende, mere smilende, mest smilende

Alle adjektiver, der ender på −et
langhåret, mere langhåret, mest langhåret
stribet, mere stribet, mest stribet

## ■ Fremmedord

interessant, mere interessant, mest interessant
realistisk, mere realistisk, mest realistisk

# Pronominer

## Personlige pronominer

De personlige pronominer har to former: subjekts- og objektsform

| | | SUBJEKT | OBJEKT/PRÆPOSITIONSFORBINDELSE |
|---|---|---|---|
| **Singularis** | 1. p | jeg | mig |
| | 2. p | du / De | dig / Dem |
| | 3. p | han<br>hun<br>den<br>det | ham<br>hende<br>den<br>det |
| **Pluralis** | 1. p | vi | os |
| | 2. p | I / De | jer / Dem |
| | 3. p | de | dem |

## Possessive pronominer

| | | SINGULARIS | | PLURALIS |
|---|---|---|---|---|
| | | UTRUM | NEUTRUM | |
| **Singularis** | 1. p | min | mit | mine |
| | 2. p | din /Deres | dit / Deres | dine / Deres |
| | 3. p | hans | hans | hans |
| | | hendes | hendes | hendes<br>sine |
| | | sin | sit | dens |
| | | dens | dens | dets |
| | | dets | dets | |
| **Pluralis** | 1. p | vores | | |
| | 2. p | jeres / Deres | | |
| | 3. p | deres | | |

Det er <u>min</u> bil.

Det er <u>mine</u> bøger.

Det er <u>dit</u> æble.

Han kysser <u>sin</u> kone. <u>Hans</u> kone bliver glad.

Han kysser <u>hans</u> kone. <u>Hendes</u> mand bliver sur.

Vi besøger <u>vores</u> børn.


# Refleksive pronominer

| | SUBJEKT | REFLEKSIV |
|---|---|---|
| 1. p | jeg | mig |
| 2. p | du / De | dig / Dem |
| 3. p | han<br>hun<br>den<br>det | sig |
| 1. p | vi | os |
| 2. p | I / De | jer / Dem |
| 3. p | de | sig |


■ **Eksempler**

Jeg vasker mig.  Hun klæder sig på.

De glæder sig.  I skynder jer.

## Relative pronominer

Ordene 'som' og 'der' er relative pronominer.

Relativpronomenet **der** kan kun bruges, hvis relativpronomenet er **subjekt** i relativ-sætningen.

■ **Eksempler**

Han taler med en mand, der kommer fra Tyskland.
De besøger deres venner, der bor i København.

Ordet **som** kan bruges som relativpronomen i **alle relativsætninger**; både når relativ-pronomenet er subjekt og objekt.

■ **Eksempler**

Han taler med en mand, som kommer fra Tyskland.
Hun læser bogen, som hun købte i går.
Han ringer til kvinden, som han snakkede med i går.

## Interrogative (spørgende) pronominer – hv-ord

**Hvad** bruges om ting.
Hvad er det? Det er en stol.

**Hvor** bruges om steder.
Hvor bor du? Jeg bor i Odense.
Hvor ligger Odense? Odense ligger på Fyn.

**Hvem** bruges om personer.
Hvem er det? Det er Peter.
Hvem snakker du med? Jeg snakker med Thomas.

**Hvis** er genitiv af 'hvem'.
Hvis bog er det? Det er Evas.

**Hvor meget** bruges om mængde.
Hvor meget kaffe har du købt? Jeg har købt et pund.
Hvor meget sukker skal du bruge? Jeg skal bruge to kilo.

**Hvor mange** bruges om antal.
Hvor mange søskende har du? Jeg har tre søskende.
Hvor mange mennesker bor der i Danmark? Der bor cirka fem millioner.

**Hvor længe** bruges om en periode.
Hvor længe skal du være i Danmark? Jeg skal være i Danmark i seks måneder.

**Hvor gammel** bruges om alder.
Hvor gammel er hun? Hun er 27 år gammel.

**Hvornår** bruges om tidspunkt.
Hvornår kommer du? Jeg kommer klokken syv.

**Hvilken** bruges ved n-ord i singularis.
Hvilken bog læser du?
**NB: Nogle mennesker erstatter hvilken med 'hvad for en' i talesprog.**

**Hvilket** bruges ved t-ord i singularis.
Hvilket hus bor du i?
**NB: Nogle mennesker erstatter hvilket med 'hvad for et' i talesprog.**

**Hvilke** bruges i pluralis.
Hvilke bøger læser du?
**NB: Nogle mennesker erstatter hvilke med 'hvad for nogen' i talesprog.**

**Hvorfor** bruges ved ønsket om forklaring. Svaret indledes oftest med 'fordi'.
Hvorfor besøger du mig ikke? Fordi jeg skal læse.

**Hvordan** bruges om måde.
Hvordan ser din bror ud? Han er høj og har brunt hår.
Hvordan tænder man radioen? Man trykker på den store knap.

# Sætningsstruktur

## Hovedsætninger

Strukturen i hovedsætninger er:

| Forfelt | verbum 1 | (subjekt) | adverbial | verbum 2 | objekt | adverbial |
|---------|----------|-----------|-----------|----------|--------|-----------|

Sætningen starter typisk med subjektet:

| | | | | | | |
|---------|----------|-----------|-----------|----------|--------|-----------|
| jeg | drikker | | | | kaffe | |
| han | studerer | | | | | på universitetet |

Negationen står efter **verballeddet:**

| | | | | | | |
|---------|----------|-----------|-----------|----------|--------|-----------|
| han | cykler | | ikke | | | på universitetet |
| han | hedder | | ikke | | Peter | |

Indeholder sætningen mere end ét verbum, står negationen mellem de to verber:

| | | | | | | |
|---------|----------|-----------|-----------|----------|--------|-----------|
| hun | kan | | ikke | tale | engelsk | |
| de | har | | ikke | købt | en gave | til Peter |

## Inversion

Hvis hovedsætningen ikke begynder med subjektet, står verbet alligevel på den anden plads:

| Forfelt | verbum 1 | subjekt | adverbial | verbum 2 | objekt | adverbial |
|---------|----------|---------|-----------|----------|--------|-----------|
| nu | bor | hun | | | | i London |
| i går | købte | han | | | en ny cykel | |

# Ledsætninger

Strukturen i ledsætninger er:

| Konj. | subjekt | adverbial | verbum 1 | verbum 2 | objekt | adverbial |
|-------|---------|-----------|----------|----------|--------|-----------|
| at | han | | vil | spise | | i kantinen |
| hvis | hun | | har | | tid | |

**Negationen** står i ledsætningen mellem **subjekt** og **verbum 1**:

| at | han | ikke | skal | | | til København |
|----|-----|------|------|--|--|---------------|
| fordi | de | ikke | kan | lide | æbler | |

# Spørgende sætninger

Verballeddet står på anden plads i spørgsmålet:

| Forfelt | verbum 1 | (subjekt) | adverbial | verbum 2 | objekt | adverbial |
|---------|----------|-----------|-----------|----------|--------|-----------|
| hvad | hedder | du? | | | | |
| hvor | skal | han | | | | hen? |

Verballeddet kan også <u>indlede</u> spørgsmålet:

| | skal | du | | | | på universitetet? |
|--|------|-----|--|--|--|-------------------|
| | har | du | | | en søster? | |

Negationen / adverbiet står efter subjektet:

| | cykler | du | altid | | | om sommeren? |
|--|--------|-----|-------|--|--|--------------|
| | drikker | du | aldrig | | mælk? | |

# Adverbier

Fortæller om verber, adjektiver og andre adverbier.

### ■ For eksempel
Den grimme dame synger <u>smukt</u>.
Den grimme dame er <u>meget</u> grim.
Den grimme dame synger <u>meget</u> <u>smukt</u>.

### ■ Adverbier
Udtrykker ofte sted, tid, måde, grad eller modifikation.

### ■ De mest almindelige adverbier er
ikke, måske, jo, nok, mon, dog, også, kun, igen, gerne, aldrig, altid, ingenting, vel, ofte, tit, her, nemlig, netop, næppe, ganske, snart, straks, allerede, tilbage, frem, hellere, alligevel, ellers, næsten, især, længe, hen, særdeles, selvfølgelig, sommetider, stadigvæk, stadig, væk, endnu, bare, blot, vist, overhovedet ikke, slet ikke.

Adverbierne har <u>altid</u> samme form.

### ■ For eksempel
Jeg kan <u>ikke</u> svømme.
Peter er <u>snart</u> færdig i skolen
Drengen kommer <u>måske</u> i morgen.
Pigen skal <u>også</u> til Odense.
Manden har <u>kun</u> 5 kroner.
Alexander vil <u>gerne</u> have en kage.
Anna er <u>altid</u> træt.
Peter er <u>aldrig</u> træt.
Hun kommer <u>nok</u> i morgen.
De går <u>tit</u> i biografen.

# Adjektiver som adverbier

*Mange adjektiver bruges som adverbier. De tilføjes et –t til grundformen.*

■ **For eksempel**

Hun danser smukt.        Han spiller godt.

Disse adverbier har komparativ og superlativ:

| | | |
|---|---|---|
| tit | tiere | tiest |
| ofte | oftere | oftest |
| gerne | hellere | helst |
| længe | længere | længst |

# Lang/kort form af adverbiet

Følgende adverbier har **to former**:

**Ned/nede – ind/inde – ud/ude – op/oppe – hjem/hjemme – hen/henne – over/ovre.**

Den korte form bruges, når der skal udtrykkes bevægelse fra et sted til et andet:

■ **For eksempel**

Han går **hjem** nu.
Han går **ind** i huset.
De går **over** gaden.
Han løber **ud** i skoven.

Den lange form bruges, når der udtrykkes, at man bliver på det samme sted eller er inden for et område.

■ **For eksempel**

Han sidder **inde** i stuen.
Han er **hjemme** nu.
Han arbejder **ude** i haven.
Han løber en tur **ude** i skoven.

# Konjunktioner

## Da/når

**Da** bruges om **den enkelte handling i fortiden:**

Hun skrev mange postkort, da han var på ferie i London.
Han gik i skole, da han var barn.
Han flyttede til Paris, da han var 20 år.

**Når** bruges:
- **om den gentagne handling i fortid og nutid**
- **om fremtid**

Han skrev altid postkort, når han var på ferie i Paris.
Han skriver postkort, når han er i Paris.
Hun skal i skole, når hun bliver 6 år.
Du skal ringe, når du kommer hjem.

## Om/hvis

**Om** bruges **spørgende**:

Han spørger, om han må komme.
Han vil vide, om hun er glad.

**Hvis** bruges **betingende** (konditionelt):

Hun kommer, hvis hun har tid.
Vi kan gå en tur, hvis vejret er godt.

# Præpositioner

På dansk er det svært at regne ud, hvilken præposition man skal bruge.
Præpositioner er man nødt til at lære – især tidspræpositionerne.
De almindeligste præpositioner er:

**på – i – til – fra – om – ved – af – med**

**på, i, til** og **om** bruges især om **tid** og **sted**.

■ **For eksempel**

Han går **på** universitetet.
Han kommer **på** søndag.
Peter bor **i** København.
Han er **i** Danmark **i** 2 år.
Han rejser **til** Aalborg.
Hotellet ligger **ved** stationen.
Bogen handler **om** en spion.
Peter er søn **af** Karen.
Helle bor **sammen med** Niels.

# Tidspræpositioner

**■ Fortid**

| i lørdags | i søndags / i forgårs | i går | i dag |
|---|---|---|---|
| | | i går morges | i morges |
| | | i går formiddags | i formiddags |
| | | i går eftermiddags | i eftermiddags |
| | | i (går) aftes | |
| | | i går nat | |

**■ Eksempler**

Hvad lavede du i går?
Jeg var i biografen i aftes.

**■ For ____ siden**

Peter flyttede til Århus **for** to år **siden**.
Carl boede i Spanien **for** et år **siden**.

# ■ Fremtid

| i dag | | i morgen | | i overmorgen | på torsdag /<br>på fredag |
|---|---|---|---|---|---|

| i eftermiddag | i morgen tidlig |
|---|---|
| i aften | i morgen eftermiddag |
| i nat | i morgen aften |
| | i morgen nat |

# ■ Eksempler

Hvad skal du lave i morgen?

Jeg skal i teatret i morgen aften.

## Om:

Peter skal i biografen **om** to timer.

Emma skal på ferie **om** en uge.

Bussen kører **om** fire minutter.

# ■ Periode

Emma skal på ferie i 14 dage.

Mercedes skal bo i Danmark i et år.

Peter har boet i Århus i to år.

# ■ Generelt

| | |
|---|---|
| **om** morgen**en** | Han står altid op kl. syv om morgenen. |
| **om** aften**en** | De hører tit musik om aftenen. |
| **om** mandag**en** | De er altid lidt trætte om mandagen. |
| **om** fredag**en** | Om fredagen går de til fest. |
| **om** sommer**en** | Hun er altid på ferie om sommeren. |
| | |
| **i** weekend**en** | I weekenden slapper de af. |

# Uregelmæssige verber

| | Infinitiv | Præsens | Præteritum | Perfektum |
|---|---|---|---|---|
| 1. | At bede | | bad | har bedt |
| 2. | At betyde | | betød | har betydet |
| 3. | At bide | | bed | har bidt |
| 4. | At binde | | bandt | har bundet |
| 5. | At blive | | blev | er blevet |
| 6. | At bringe | | bragte | har bragt |
| 7. | At bryde | | brød | har brudt |
| 8. | At burde | bør | burde | har burdet |
| 9. | At byde | | bød | har budt |
| 10. | At bære | | bar | har båret |
| 11. | At drikke | | drak | har drukket |
| 12. | At dø | | døde | er død |
| 13. | At falde | | faldt | er faldet |
| 14. | At finde | | fandt | har fundet |
| 15. | At flyde | | flød | har flydt |
| 16. | At flyve | | fløj | har fløjet / er fløjet |
| 17. | At fortryde | | fortrød | har fortrudt |
| 18. | At fryse | | frøs | har frosset |
| 19. | At følge | | fulgte | har fulgt |
| 20. | At få | | fik | har fået |
| 21. | At gide | | gad | har gidet |
| 22. | At give | | gav | har givet |
| 23. | At glide | | gled | har gledet |
| 24. | At gribe | | greb | har grebet |
| 25. | At græde | | græd | har grædt |
| 26. | At gøre | gør | gjorde | har gjort |
| 27. | At gå | | gik | er gået |
| 28. | At have | har | havde | har haft |
| 29. | At hedde | | hed | har heddet |
| 30. | At hjælpe | | hjalp | har hjulpet |
| 31. | At holde | | holdt | har holdt |
| 32. | At hænge | | hængte | har hængt |
| | | | hang | har hængt |
| 33. | At komme | | kom | er kommet |
| 34. | At kunne | kunne | kan | har kunnet |

| | Infinitiv | Præsens | Præteritum | Perfektum |
|---|---|---|---|---|
| 35. | At forlade | | forlod | har forladt |
| 36. | At le | | lo | har leet |
| 37. | At lide | | led | har lidt |
| 38. | At ligge | | lå | har ligget |
| 39. | At lyde | | lød | har lydt |
| 40. | At lyve | | løj | har løjet |
| 41. | At lægge | | lagde | har lagt |
| 42. | At løbe | | løb | er løbet / har løbet |
| 43. | At måtte | må | måtte | har måttet |
| 44. | At nyde | | nød | har nydt |
| 45. | At nyse | | nøs | har nyst |
| 46. | At ryge | | røg | har røget |
| 47. | At se | | så | har set |
| 48. | At sidde | | sad | har siddet |
| 49. | At sige | | sagde | har sagt |
| 50. | At skide | | sked | har skidt |
| 51. | At skride | | skred | er skredet |
| 52. | At skrige | | skreg | har skreget |
| 53. | At skrive | | skrev | har skrevet |
| 54. | At skulle | skal | skulle | har skullet |
| 55. | At skyde | | skød | har skudt |
| 56. | At skære | | skar | har skåret |
| 57. | At slå | | slog | har slået |
| 58. | At smide | | smed | har smidt |
| 59. | At snyde | | snød | har snydt |
| 60. | At sove | | sov | har sovet |
| 61. | At spinde | | spandt | har spundet |
| 62. | At springe | | sprang | har sprunget |
| 63. | At spørge | | spurgte | har spurgt |
| 64. | At stå | | stod | har stået |
| 65. | At stjæle | | stjal | har stjålet |
| 66. | At stryge | | strøg | har strøget |
| 67. | At synes | synes | syntes | har syntes |
| 68. | At synge | | sang | har sunget |
| 69. | At synke | | sank | har sunket |
| 70. | At sælge | | solgte | har solgt |
| 71. | At sætte | | satte | har sat |
| 72. | At tage | | tog | har taget |
| 73. | At træde | | trådte | har trådt |
| 74. | At turde | tør | turde | har turdet |
| 75. | At tvinge | | tvang | har tvunget |
| 76. | At tælle | | talte | har talt |

| | Infinitiv | Præsens | Præteritum | Perfektum |
|---|---|---|---|---|
| 77. | At vide | ved | vidste | har vidst |
| 78. | At ville | vil | ville | har villet |
| 79. | At vinde | | vandt | har vundet |
| 80. | At vælge | | valgte | har valgt |
| 81. | At være | er | var | har været |

# HISTORIER

# Arkitektur i Århus

I vikingetiden boede der ca. 1.000 mennesker i Århus. Dét var en stor by.

Byen var centreret om domkirken. Det er også i dette område, vi kan se de ældste huse i Århus. Nogle af dem er så meget som 500 år gamle. Mange af dem er blevet restaureret for nylig.

Gammelt hus med hyggelig gård.

I området ved domkirken er der mange gamle huse, som er moderniseret.

# Århus vokser – arkitekturen hedder romantikken

Århus voksede eksplosivt i 1800-tallet. Befolkningstallet steg fra 7.886 i 1850 til 51.814 personer i 1901. Derfor blev der også bygget en masse nye huse. I denne periode bygger man i den stilart, som kaldes romantikken.

Huse fra romantikken kendes på de mange detaljer. Svulmende, prægtige huse med udskæringer og snoet smedejern. Bydelen Frederiksbjerg i Århus er bygget i den romantiske stil. Forbilledet var Paris. Overalt i Århus ser man huse bygget i den romantiske stil.

Skt. Pauls Kirkeplads på Frederiksbjerg.

# Jugendstil

I slutningen af romantikken finder vi jugendstilen (1890-1910). Ordet stammer fra tysk. På andre sprog kaldes perioden Art Nouveau, Modern Style, El Moderno – og på dansk: skønvirke. I jugendstilen ser man megen ornamentik og dekoration.

Ornamentikken er inspireret af vikingetidens ornamentik. Århus Teater er en af de bygninger, som tydeligst er bygget i jugendstilen.

Se ornamentikken langs tagrenderne. Der er også nogle meget detaljerede udskæringer under de store vinduer over hovedindgangen. ,

# Funktionalismen – funkis

I slutningen af 1930'erne blev funktionalismen fremherskende. I Skandinavien kalder vi stilen for funkis. Funktionalismen er, ligesom dogmefilm, det skrabede budskab.

Der er fokus på det moderne menneskes behov. Man bygger "lyse og sunde boliger i grønne omgivelser". I Århus er der meget funkis.

Klintegården er et godt eksempel. Klintegården blev oprindelig bygget som et avanceret kollektiv for familier. Hver familie havde sin egen lejlighed, men der var fællesspisning, børnepasning og vaskeri. Meget eksklusivt til den meget moderne familie.

**Det kendetegner funkisstilen:**
Æstetisk er formerne rene og organiske. Nogle detaljer er: runde former blandet med meget kantede bygninger, f.eks. et rundt vindue og en buet altan, helt eller delvist indbygget i muren, i et ellers helt kubistisk hus. Andre detaljer er teaktræ og den irgrønne farve, enten som irret bronze eller som maling.

# Mere funkis

De to øvrige funkiseksempler her er Aarhus Universitet og Århus Rådhus, som begge er værker i den kulturkanon, som regeringen har vedtaget. Kulturkanon betyder, at regeringen har udnævnt en række værker inden for litteratur, musik, billedkunst og arkitektur som meget vigtige.

De første bygninger i Aarhus Universitet, de gule bygninger, blev tegnet i 1931 af Povl Stegmann, Kay Fisker og C.F. Møller. Landskabsarkitekten C. Th. Sørensen har tegnet Universitetsparken.

Aarhus Universitet.

# Århus Rådhus

Århus Rådhus er tegnet af Arne Jacobsen og Erik Møller.

Interiøret er tegnet af Arne Jacobsen og Hans Wegner, som begge er nogle af Danmarks mest kendte arkitekter.

Arne Jacobsen har f.eks. tegnet de kendte stole "Myren" og "Ægget".

Hans Wegner har tegnet "Y-stolen" og "the Chair", som var den type stol, J.F. Kennedy og Richard M. Nixon sad i under tv-duellen, før Kennedy blev valgt som præsident.

Den type møbler kendes som Danish Design. En lang række møbelarkitekter stod for den type møbler, og de blev vidt berømte. Ud over Arne Jacobsen og Hans Wegner kan man nævne Finn Juhl, Kaare Klint, Werner Panton, Børge Mogensen, Poul Kjærholm og Nanna Ditzel.

I udlandet er den bedst kendte danske arkitekt nok Jørn Utzon, som har tegnet Operahuset i Sydney.

Øvrige bygningsværker af danske arkitekter er den anden triumfbue i Paris, L'Arche de Fraternité, tegnet af Otto von Spreckelsen, og udenrigsministeriet i Riyadh, tegnet af Henning Larsen. Han har også tegnet operahuset i København. Operahuset blev ikke helt, som Henning Larsen ønskede det, da bygherren også ville bestemme over arkitekturen.

# Én-familieshuse – villaer og parcelhuse

I 1950'erne flyttede mange danskere i villa. I forstadskvartererne tæt på Århus ser man villakvarterer, hvor husene er ren funkis eller indeholder dele af funkis.

Gefionhuset.

I 1960'erne opstod de store parcelhuskvarterer. Et parcelhus er et hus i ét plan.

I et parcelhus er der typisk en fordelingsgang, et køkken, en stor stue, meget ofte en vinkelstue, tre værelser, et bryggers, et stort badeværelse og et gæstetoilet.

"Der er, hvad der er, og der er nok af det."

Parcelhuskvarter.

# Byggeri efter 1980

Moderne byggeri: Man bygger med store glasfacader, også hvis man bygger et gammelt hus om til moderne behov.

Ringgaden, glasfacade.

Nogle af idealerne fra funkisperioden er stadig fremherskende, især kravet om lys. I Nobelparken genfinder man andre detaljer fra funkis: kubistiske vinduer og bygninger, indbyggede altaner og den irgrønne farve.

Nobelparken.

# Århus – en by på 1000 år

Århus er en gammel by – over 1.000 år gammel.

De første indbyggere var vikinger. De byggede en fæstning. Den kaldte de for Aros. Aros betyder åens munding. Senere blev det til Års og så til Århus.

### ■ Året er 935

Solen skinner. Det er en af årets første varme dage. Mellem havet og åens munding arbejder en gruppe mænd, kvinder og børn. Der er livlig aktivitet overalt.

Kongen har befalet, at der skal bygges en fæstning, hvor åen er en naturlig havn.

Når kongen befaler, adlyder menneskene.

De bygger en vold. De graver en grav. De fælder træer. De slæber store planker til volden.

Fæstningen skal være stærk.

Trællene arbejder hårdest. Hvis de nægter, får de prygl og ingen mad. De frie mænd og kvinder arbejder, fordi storbonden hjemme i deres landsby har sagt, de skal.

Inden for volden bygger menneskene huse og stalde. De har deres dyr med sig. Får, høns, køer og heste. Dem passer børnene.

I måneder slider de i det. Men så kan de også se resultatet af deres slid: fæstningen og begyndelsen til byen Aros.

Aros var både fæstning og handels- og havneby. Der boede omkring 1.000 mennesker i byen. De levede af handel, passede deres dyr og dyrkede deres marker i nærheden af Århus.

I de følgende århundreder blev danskerne kristne, og byen blev et kirkecentrum.

Domkirken og Vor Frue Kirke blev bygget.

På grund af havnen blev byen ved med at være en handelsby.

### ■ Århus – en af de største købstæder

For 250 år siden var Århus ikke en stor by. 4.000 mennesker boede og arbejdede der. Men byen var alligevel en af Danmarks største købstæder (handelsbyer).

Gennem byen løb åen. Gaderne var smalle med åbne rendestene.

De blev brugt til affald. Det stank, og det spredte sygdom.

Menneskene havde husdyr i deres baggårde.

Der var stor forskel på rig og fattig. På købmænd, håndværkere og arbejdere. På mænd, kvinder og børn.

I de fattige familier var det helt almindeligt, at alle – voksne og børn – arbejdede.

## ■ Året er 1735

Byen ligger mørk i den stille aften. Ud ad husenes små vinduer falder der lys på de toppede brosten.

I en lille stue sidder der fire kvinder i alle aldre. Ja, den ene af dem er ikke andet end en stor pige. De har arbejdet hele dagen. De spinder uld til garn.

Arbejdet er hårdt og dårligt betalt. Kvinderne har ikke lært at spinde som et håndværk. Det er en del af deres opdragelse.

Kvinderne går hen til en købmand, som giver dem ulden. Han betaler dem for hvert kilo garn, de spinder.

Byen har en fattigkasse, hvor kvinderne kan få økonomisk hjælp, hvis de ikke kan tjene nok ved at spinde.

Indimellem tager kvinderne sig tid til at snakke om livet i byen.

Om børnefødsler, ti børn er det almindeligt at have.

– Har du hørt, at Signe er gravid igen?

– Ja, det er nummer tolv, hun skal have, den stakkel.

Om pengeproblemer og fattigdom. Jens og hans familie er blevet sat på gaden.

– Det har han fortjent. Han kan bare lade være med at drikke brændevin.

Og også om de rige og deres liv.

– Købmand Worms datter skal giftes med en ung mand fra København på søndag.

– Ja, jeg vil i kirken og se det. En gang i mit liv ville jeg gerne ind i købmandsgården og se, hvordan de bor.

## ■ Det tyvende århundrede

I 1901 boede der 60.355 mennesker i stor-Århus, og i 1930 boede der 105.428.

Århus voksede for alvor.

Virksomheder og fabrikker blev bygget som aldrig før. Og boliger til de mennesker, der flyttede fra landet til byen for at arbejde.

Havnen var stadig en vigtig del af byens erhvervsliv.

I 1928 blev Aarhus Universitet bygget.

Folk boede mange i små lejligheder. Far, mor og fem-seks børn i en toværelses lejlighed var ikke ualmindeligt.

Mændene arbejdede. Kvinderne var hjemme og passede hus og børn.

I gaderne var der små butikker. En købmand ved siden af et mejeri, og så en slagter og en lille tøjbutik. Det var før de store supermarkeders og storcentres tid.

## ◼ Året er 1935

Den vestlige verden er ramt af en alvorlig økonomisk krise. Den begyndte i USA, men har hurtigt bredt sig til Europa og dermed til Danmark.

Virksomheder lukker, og mange mennesker bliver arbejdsløse.

På landet forlader bønder deres gårde.

Fattigdom er mere almindelig end rigdom.

Familien Jensen bor i en toværelses lejlighed i Sjællandsgade i Århus.

Hver dag går Hans Jensen sammen med tidligere arbejdskammerater ned på havnen. De leder efter arbejde.

Lene Jensen er hjemme. Hun står over vaskebaljen. Træt bøjer hun sig ned og gnider det snavsede tøj rent. Hendes hoved er fyldt med bekymrede tanker om, hvordan det skal gå, nu da Hans er blevet arbejdsløs.

Hun ved godt, at de ikke er ene om arbejdsløsheden. Mange i gaden, ja, i hele landet, har det som de.

Lene Jensen går ind til sin nabo. Det er rart at vide, at hun kan dele sine bekymringer og sorger med de andre kvinder i gaden.

Hun hører børnenes høje råb i gården. De leger.


## ◼ Nu er Århus Danmarks næststørste by med 305.000 indbyggere

En industriby med en stor havn. Men også en uddannelsesby med mange uddannelsesinstitutioner.

Cirka 40.000 unge mennesker studerer i Århus.

# Nordisk mytologi

Verden er opdelt i Asgård, Midgård, Udgård og Hel.

## ■ Asgård

I Asgårds centrum står livets træ - Yggdrasil.

Under det sidder tre norner og bestemmer over liv og død.

Ved Yggdrasil er Mimers brønd. Mimer har ingen krop. Han er kun hoved.

Odin har set ned i brønden. Det har han givet sit ene øje for.

Aserne (guderne) bor i Asgård.

I Asgårds centrum ligger Valhalla. Her bor Odin.

I Valhalla findes der altid nok mad og drikke.

Hertil kommer mennesker efter deres død. Men kun hvis de er døde i kamp.

## ■ Midgård

Her bor menneskene.

## ■ Udgård

I Udgård bor jætterne. Det er de onde, de snu.

De elsker at drille og narre guder og mennesker.

Og de slås gerne med både guder og mennesker.

## ■ Hel

Menneskene kommer til Hel efter deres død, hvis de ikke er døde i kamp.

## ■ Bifrost

Bifrost er en regnbue, der forbinder Asgård med verden udenfor.

## ■ Verdenshavet og Midgårdsormen

Rundt om Midgård findes et stort hav. Her lever Midgårdsormen.

# Guderne

### Tyr

Tyr er krigsgud i den nordiske mytologi.
  Han bestemmer over krig og fred.
  Tyr har kun én arm.
  Fenrisulven bed den anden af.
  Tirsdag er opkaldt efter ham.

### Odin og Frigg

Odin er den største gud i den nordiske mytologi. Han er meget klog, han ved alting. Han har fået sin visdom, fordi han har set ned i Mimers brønd. Det har han givet sit ene øje for.
  Odin følges med to ulve og to ravne. De hjælper ham og bringer ham nyt fra hele verden.
  Han har en hest med otte ben. Den hedder Sleipner
  Bag enhver mand er en vis kvinde. Også bag Odin. Han er gift med Frigg. Hun er en klog gudinde. Og hun giver tit Odin gode råd.
  Onsdag er opkaldt efter Odin.

### Thor

Thor er tordengud og frugtbarhedsgud i den nordiske mytologi. Han er ikke så klog. Men han er meget stærk. Han slås ofte med jætterne.
  Han har en hammer. Den hedder Mjølner. Den kommer altid tilbage til ham, når han kaster den.
  Thor kører over skyerne i en vogn trukket af to geder. Gederne er meget specielle:
  Thor kan spise dem om aftenen. Næste morgen er de levende igen. Han skal bare gemme knoglerne og skindet.
  Når det var tordenvejr, sagde menneskene:
  "Nu kører Thor med sin vogn."
  Når det lynede, sagde de:
  "Nu kaster Thor sin hammer."
  Torsdag er Thors dag.

### Freja

Freja er frugtbarhedsgudinde.

Hun er en meget smuk gudinde.

Hun græder tårer af guld.

Hun kører i en vogn trukket af katte.

Somme tider rejser hun til Midgård.

Her møder hun mænd, som hun forelsker sig i. Hendes kærlighedseventyr ender aldrig lykkeligt.

Fredag er Frejas dag.

### Loke

Loke er ikke gud og ikke jætte.

Han er en blanding. Hans far var as. Hans mor var jætte. Han lever både i Udgård og i Asgård.

Loke elsker at drille både guder og jætter. Han er ofte sammen med Thor.

Nogle historikere mener, at lørdag måske er opkaldt efter Loke.

# Regnar og Kraka

## Regnar i Norge

Regnar er en berømt vikingekonge. En gang sejler han til Norge. På hans skibe har de ikke mere brød. Regnar siger til to af sine mænd:

"I går i land og bager nyt brød."

De to mænd bliver sure. De vil slås. De vil ikke bage brød.

## Brændt brød

Da de kommer i land, siger den ene:

"Se, der ligger en gård. Skal vi ikke gå derhen og bage brødet?"

"God idé," siger den anden.

På gården er en smuk kvinde. Hun hjælper de to mænd. Hun ælter dejen.

De kigger på hende, og de glemmer at se til brødet i ovnen. Det brænder på.

## Kraka, en smuk kvinde

Mændene går tilbage til skibene med det brændte brød. Alle bliver meget utilfredse. Regnar spørger:

"Hvorfor kommer I med brændt brød?"

De svarer:

"Det er ikke vores skyld. Der var en meget smuk kvinde på gården. Det var umuligt at holde øjnene fra hende."

## Kraka får opgaver

Regnar kalder på to andre mænd. Han siger til dem:

"Tag til gården. Se, om kvinden er smuk. Hvis hun er smuk, så prøv hendes klogskab.

Sig til hende, hun skal komme. Hun må ikke være klædt på, men hun må heller ikke være nøgen.

Hun må ikke være fastende, men hun må heller ikke have spist. Hun må ikke være alene, men hun må heller ikke være sammen med et menneske."

De to mænd går til Kraka. De fortæller hende, hvad kongen har sagt.

## Kraka løser opgaverne

Krakas mor siger: "Kraka. Kongen må ikke være rigtig klog, når han finder på sådan noget vrøvl."

Men Kraka smiler bare. Næste morgen går hun til Regnars skibe.

Hun har et fiskenet omkring sin krop. Hun har et løg i munden. Sammen med hende er en hund.

Kraka siger til Regnar:

"Som du ser, er jeg ikke nøgen. Jeg har heller ikke tøj på. Jeg har bidt i et løg. Jeg er altså ikke fastende. Jeg er ikke alene."

## Regnar vil giftes

Regnar siger: "Mændene talte sandt. Du er smuk, og klog er du også. Kom, du skal rejse med mig."

Kraka siger: "Nej. Gør din rejse færdig. Kom tilbage, hvis du stadig vil gifte dig med mig."

Regnar råber: "Jeg er den store kong Regnar, du skal rejse med!"

Regnar rækker hånden ud efter hende. Hunden bider ham.

Kraka siger: "Det bliver, som jeg har sagt."

Så går hun. Regnar gør sin rejse færdig. Han kommer tilbage, og han gifter sig med Kraka.

# Amlet – en dansk prins

I år 500 var Danmark ikke et samlet kongerige.

Det bestod af mange små kongeriger. I et af dem var Ørvendel konge. Han var gift med Gerud. Sammen havde de sønnen Amlet.

Kong Ørvendel havde også en bror, Fenge.

Fenge var misundelig på kong Ørvendel.

En dag myrdede Fenge kongen. Han lagde en giftslange i hans seng.

Han giftede sig med dronning Gerud.

## Amlet spiller skør

Dengang var det almindeligt at hævne drab. Fenge var bange for, at Amlet ville dræbe ham.

Amlet var bange for, at Fenge ville dræbe ham. Så Amlet spillede skør. Han red baglæns på sin hest. Han talte sort og rodede i asken.

Fenge var ikke sikker på, at Amlet var skør.

Han sendte ham til England. Han sendte et brev med til kongen af England. I det stod der, at kongen skulle dræbe Amlet.

På rejsen fandt Amlet brevet. Han skrev et nyt brev. I det stod der, at kongen skulle give sin datter til Amlet.

Amlet fik kongedatteren.

De rejste hjem til Jylland.

## Amlet vender hjem

Hjemme troede alle, at Amlet var død. De ville drikke gravøl over ham. De blev forskrækkede, da Amlet pludselig stod i døren.

Amlet spillede stadig idiot. Han tog sit sværd op og skar sig i fingeren. For at det ikke skulle ske igen, satte man sværdet fast i skeden.

Det blev nat, alle sov.

## Amlet dræber Fenge

Amlet listede gennem slottet. Han gik til Fenges soveværelse.

Fenge sov med sit sværd ved siden af sig. Amlet tog hans sværd. Han lagde sit eget sværd ved siden af Fenge. Så råbte Amlet:

"Fenge, dine mænd brænder inde."

Fenge sprang op. Han tog sit sværd, men det sad fast. Amlet dræbte ham.


## Amlet bliver konge

Næste morgen samlede Amlet alle mennesker.

Han sagde:

"Fenge dræbte min far for at blive konge. Han giftede sig med min mor. Jeg spillede idiot for ikke at blive dræbt."

Alle mente, at Amlet havde gjort det rigtige. De valgte ham til konge i stedet for Fenge.

Mange år senere skrev den engelske forfatter William Shakespeare et teaterstykke. Det hedder "Hamlet".

På den måde blev Amlet berømt.

# Dannebrog – det danske flag

## Danskerne taber

Det er i år 1219.

Danskerne fører en krig mod Estland. Det er en religionskrig. Danskernes konge, Kong Valdemar, vil gøre esterne kristne. Han vil styre handlen i Estland.

Et stort slag er i gang. Danskerne har ikke succes.

Faktisk er de ved at tabe.

Hele dagen er kampen gået frem og tilbage. Aftenen nærmer sig. En dansk præst ligger på knæ. Han beder om Guds hjælp til at vinde. Han rækker sine arme op mod himlen.

## Danskerne vinder

Danskerne er ved at opgive og trække sig tilbage. Men hvad sker der?

Pludselig åbner himlen sig. Ned falder et flag. En stemme siger: "Bær det højt, og I vil vinde."

Det var et rødt flag med et hvidt kors. Dannebrog. Danskerne ved, at Gud er med dem. De får deres kampvilje igen. De vinder.

I triumf bringer de Dannebrog hjem til Danmark.

Sådan fortæller sagnet.

Sandheden er måske, at Dannebrog blev erobret fra fjenderne. At erobringen gav danskerne kampviljen igen.

# Det er ganske vist

*Omskrevet fortælling af H.C. Andersen*

"Det er en forfærdelig historie," sagde en høne. Hun boede i et hønsehus i en lille by.

"Det er en frygtelig historie. Jeg tør ikke sove alene i nat. Det er godt, at vi er så mange her i hønsehuset."

Så fortalte hun, så fjerene rejste sig på de andre høns, og hanen lod kammen falde.

Det er ganske vist!

Men vi vil begynde med begyndelsen.

Det var i et andet hønsehus.

Solen gik ned, og hønsene fløj op.

En af den var en hvid høne.

Hun lagde sine reglementerede æg og var på alle måder en respektabel høne.

Hun pillede sig med næbbet. En lille fjer faldt af hende.

"Der gik den," sagde hun,

"Jo mere jeg piller mig, jo dejligere bliver jeg nok."

Det sagde hun for sjov, for hun var en glad høne, og som sagt meget respektabel. Så sov hun.

Men den høne, som sad nærmest, sov ikke. Hun hørte, og hun hørte ikke, som man jo skal i denne verden for at leve i fred. Og hun måtte fortælle det til sin nabo.

"Hørte du, hvad der blev sagt? Jeg siger ikke navnet. Men der er en høne, der vil plukke sig for at se godt ud. Hvis jeg var hane, ville jeg ikke have respekt for hende. Jeg ville foragte hende."

I træet lige ovenover sad uglefamilien. De har gode ører i den familie. De hørte hvert et ord, der blev sagt.

Uglemor sagde:

"Hør ikke efter! Men I hørte vel, hvad der blev sagt? Jeg hørte det med mine egne ører. Og man skal høre meget, før de falder af.

Der er en høne, der har glemt, hvordan man opfører sig. Hun plukker alle fjerene af sig og lader hanen se på det."

"Det er ikke noget for børnene," sagde uglefar.

"Jeg vil fortælle nabouglen det," sagde uglemor.

Og så fløj hun.

"Uhuh uhuh," tudede de to ugler til duerne.

"Har I hørt det? Uhuh. Det er en frygtelig historie. Der er en høne, der har plukket alle fjerene af sig for hanens skyld. Hun fryser ihjel, hvis hun ikke allerede er det."

"Hvor, hvor?" kurrede duerne.

"I naboens gård. Jeg har næsten selv set det. Det er en upassende historie at fortælle. Men det er ganske vist."

"Vi tror det. Vi tror det. Hvert eneste ord," sagde duerne.

De kurrede ned til et andet hønsehus:

"Der er en – ja, nogen siger to, der har pillet alle fjerene af sig. De gjorde det for at få hanens opmærksomhed. De ville ikke se ud som andre. Sådan noget er farligt. Man kan blive forkølet og dø af feber. De er døde begge to."

"Vågn op, vågn op!" galede hanen.

"Der er tre høns, som er døde af ulykkelig kærlighed til en hane. De har plukket alle fjerene af sig. Det er en forfærdelig historie. Jeg vil ikke beholde den. Lad gå videre."

"Lad gå videre," kurrede duerne.

Hønsene klukkede, og hanerne galede.

"Lad gå videre, lad gå videre."

Og historien løb fra hønsehus til hønsehus.

Til sidst kom den tilbage til det hønsehus, hvor den kom fra.

"Der er fem høns, som har plukket fjerene af sig for at vise, hvem der var blevet tyndest af kærestesorg til hanen. De hakkede hinanden til blods og faldt døde om. Til skam for familien."

Og hønen, der havde tabt den lille løse fjer, kunne ikke kende sin historie igen. Fordi hun var en respektabel høne, sagde hun:

"Jeg foragter de høns. Men der findes flere af den slags. Sådan noget skal man ikke holde for sig selv. Jeg vil gøre alt for, at den historie kommer i avisen. Det har de høns fortjent, og familien med."

Og det kom i avisen. Det var ganske vist:

**EN LILLE FJER KAN NOK BLIVE TIL FEM HØNS.**

# Prinsessen på ærten

*Frit efter H.C. Andersen*

**Personer:**
Fortæller
Prinsen
Kongen
Dronningen
Prinsessen

**Alle:**
"Eventyret kan begynde."

**Fortæller:**
"Der var engang en prins."

**Prinsen:**
"Jeg vil så gerne have en prinsesse.
    Jeg rejser ud i verden.
    Så finder jeg en prinsesse."

**Fortæller:**
"Prinsen mødte mange prinsesser, men ingen var helt rigtige.
    Han rejste hjem igen.
    Han var så bedrøvet."

**Prinsen:**
"Far og mor, jeg kunne ikke finde en prinsesse. Nu er jeg ked af det."

**Fortæller:**
"En aften blev det et forfærdeligt vejr."

**Dronningen:**
"Uh, hvor det lyner og tordner."

**Kongen:**
"Det er synd for dem, som er ude i nat."

132

**Dronningen:**
"Hys, jeg tror, det banker på døren."

**Kongen:**
"I dette vejr? Umuligt."

**Dronningen:**
"Jo, det banker. Luk døren op."

**Kongen:**
"Skal jeg?"

**Fortæller:**
"Kongen gik ud og åbnede.
    Udenfor stod en ung pige.
    Hun var drivende våd. Vandet løb ned ad hendes hår og tøj."

**Kongen:**
"Hvem er det, som banker så sent?
    Min pige, du er jo helt våd."

**Prinsessen:**
"Jeg er en prinsesse."

**Kongen:**
"Kom dog ind. Du skal hilse på dronningen."

**Fortæller:**
"Kongen kaldte på dronningen."

**Kongen:**
"Vi har fået besøg af en rigtig prinsesse."

**Dronningen:**
"En rigtig prinsesse. Det skal vi snart få at vide."

**Fortæller:**
"Dronningen gik ind i soveværelset.
    Hun lagde en ært under 20 madrasser og 120 dyner.
    Der skulle prinsessen ligge om natten.
    Næste morgen spurgte dronningen:"

**Dronningen:**
"Nå, hvordan har du sovet?"

**Prinsessen:**
"Ganske forskrækkeligt!
   Jeg har ikke lukket et øje hele natten.
   Hvad var der dog i sengen?
   Jeg har ligget på noget hårdt.
   Nu er jeg gul og blå over hele kroppen."

**Dronningen:**
"Du talte sandt. Du er en rigtig prinsesse."

**Prinsen** (*falder på knæ og tager prinsessens hænder*):
"Oh, prinsesse, vil du gøre mig lykkelig?
   Vil du gifte dig med mig?"

**Fortæller:**
"Prinsen og prinsessen blev gift.
   Og ærten?
   Den kom på kunstmuseum.
   Der kan du se den, hvis ingen har taget den."

**Alle:**
"Se, det var en rigtig historie."

# Kejserens nye klæder

*Frit efter H.C. Andersen*

**Personer:**
Fortæller
Kejser
Minister
Bedrager 1
Bedrager 2
Menneske på gaden 1
Menneske på gaden 2
Menneske på gaden 3
Det lille barn

**Alle:**
"Eventyret kan begynde."

**Fortæller***:*
"For mange år siden levede en kejser.
　　Han kunne lide smukt tøj.
　　Han kunne ikke lide soldater.
　　En dag kom to bedragere til kejserens slot."

**Bedrager 1:**
"Vi er vævere.
　　Vi kan væve det dejligste tøj, man kan tænke sig."

**Bedrager 2:**
"Ja, tøjet er usynligt for de mennesker, som ikke er gode til deres job, eller som er dumme."

**Kejseren***:*
"Det er dejligt tøj.
　　Nu kan jeg få at vide, hvem der ikke er gode til deres arbejde, og hvem der er dumme.
　　Jeg må have det tøj. Her er penge."

**Fortæller**:
"Bedragerne satte to vævestole op og lod, som om de arbejdede, men de havde ingenting på væven."

**Kejseren**:
"Jeg vil vide, hvordan det går med tøjet. Jeg må hellere sende én ned til væverne."
   *(kejseren tænker sig om)*
   "Min gamle minister. Han passer til sit arbejde."
*(ministeren går ind i salen, hvor de to bedragere arbejder)*

**Ministeren** *(kigger forundret på de tomme væve)*:
"Åh!!!!"

**Bedrager 1**:
"Kom nærmere og se – er det ikke dejligt tøj?"
   (peger på den tomme væv)
   *(ministeren klør sig i nakken og ryster på hovedet)*

**Bedrager 2**:
"Nå, De siger ikke noget."

**Ministeren** *(snakker med sig selv)*:
"Dum er jeg ikke. Det er altså mit arbejde, jeg ikke er god til."
   *(til væverne)*
   "Ja, det er nogle meget smukke farver. Det vil jeg straks fortælle kejseren."

**Bedrager 1**:
"Det er godt, at De kan lide stoffet."
   *(de to bedragere gnider sig i hænderne)*

**Fortæller**:
"Ministeren går op til kejseren. Han fortæller om det dejlige stof, selvom han ikke kunne se det.
   Bedragerne vil have mere silke og guld.
   De arbejder videre med de tomme væve.
   Alle mennesker i byen taler om tøjet."

**Menneskene på gaden:**
1: "Har du hørt om kejserens nye tøj?"
2: "Ja, det er usynligt for de dumme."
3. "Og for dem, som ikke er gode til deres job."
1: "Han tager det på til processionen."

**Fortæller:**
"Nu ville kejseren selv se tøjet."
   *(kejseren går til vævesalen sammen med ministeren)*

**Minister:**
"Er det ikke fantastisk? Se mønstre og farver!"

**Kejseren** *(spærrer øjnene op og klør sig i nakken)*:
"Det er smukt."

**Minister**:
"De skulle bære det til den store procession."

**Fortæller**:
"Hele natten før den store procession sad væverne og vævede på kejserens nye tøj.
De klippede i luften med store sakse. De syede med nåle uden tråd.
   Til sidst sagde de:

**Bedrager 2:**
"Se, nu er tøjet færdigt."
   *(kejseren kommer)*

**Bedrager 1** *(holder bukserne ud i den tomme luft)*:
"Se, her er bukserne. Er de ikke smukke?"

**Bedrager 2** *(løfter armene, som om han har noget i hænderne)*:
"Og her er kjolen og kappen. Det er meget let.
   Man skulle tro, man ikke havde tøj på kroppen."

**Bedrager 1:**
"Vil Deres Kejserlige Højhed være så venlig at tage tøjet af. Så skal vi hjælpe Dem med
deres nye tøj."
   *(kejseren klæder sig af. Bedragerne lader, som om de giver ham det nye tøj på. Først
bukserne, så kjolen og til sidst kappen. Kejseren vender og drejer sig foran spejlet)*

**Ministeren:**
"Hvor det klæder Dem godt."

**Kejseren** *(vender sig endnu en gang foran spejlet):*
"Sidder det ikke flot?
    Nu er jeg parat til at gå i procession."
    *(ministeren lader, som om han løfter slæbet. De går)*

**Menneskene på gaden:**
2: "Gud, hvor er kejserens nye tøj flot."
3: "Hvilke pragtfulde bukser."
1: "Hvor er tøjet smukt."
Alle: "HURRA for kejseren!"

**Det lille barn:**
"Men han har jo ikke noget på!"

**Menneskene:**
1: "Hør barnets stemme."
3: "Hør den uskyldige."
2: "Han har ikke noget på, siger det lille barn."
1: "Han har ikke noget på."

**Alle** *(råber):*
"Kejseren har ikke noget på.
    Kejseren har ikke noget tøj på."

**Kejseren** *(tænker):*
"Det er rigtigt. Jeg har ikke noget på."

**Fortæller:**
"Men kejseren ville holde ud, til processionen var færdig. Så han gik endnu mere stolt.
    Og ministeren gik og bar slæbet, som ikke var der."

# Dansk kultur

Når man vil beskrive en kultur, bliver det nødvendigvis generelle og firkantede beskrivelser.

Ofte er én kultur lettest at få øje på, når man ser den i forhold til en anden.

Det er vigtigt at huske, at alle kulturer rummer mange subkulturer, alt efter hvilket fokus man har, og hvem man taler om.

En rocker og en professor vil nok ikke sige, at de har samme kultur.

## Findes der en samlet dansk kultur?

Folk lever forskellige liv i Danmark ud fra uddannelsesniveau, økonomi, politisk og religiøs overbevisning, interesser og geografi.

Selvom Danmark er et lille land, er der regionale forskelle.

Københavnerne synes, at jyderne er langsomme og umoderne.

Selv synes jyderne, at de er arbejdsomme og ærlige.

Jyderne synes, at københavnerne er snobbede, hurtige og overfladiske.

Selv synes københavnerne, de har "fingeren på pulsen".

Også i Århus kan man tale om forskelle. Der er stor forskel på, om man bor i Skåde Bakker eller i Gellerup.

Danskerne er generelt venlige og imødekommende. De kan dog være længe om at tø op.

## Forskel-lighed

Mennesker skaber fællesskaber og kulturer.

Vi skaber hinanden, og vi bruger hinandens forskelle.

Vi lever i fællesskaber, systemer og vaner.

I fællesskaberne er der regler og normer. Fælles værdier danner grundlag for normer og regler.

Sammen med andre mennesker lærer man normer og moral. Man lærer dem på forskellige måder og på forskellige steder. I familien, i skolen og sammen med kammeraterne. I forskellige fællesskaber er der forskellige værdier, regler og normer.

De er skrevne og uskrevne.

De skrevne regler er det muligt at lære og forholde sig til. For eksempel: I Danmark kører man i højre side af vejen.

De uskrevne er mere svævende og uhåndgribelige.

Spørger man om de uskrevne regler, vil folk i mange tilfælde ikke kunne svare.

De kender reglerne, men de tænker aldrig eller kun sjældent over dem.

De tænker heller ikke over, hvorfor de er der.

Et eksempel: Man skal huske at sige "tak for sidst", når man møder folk, man har besøgt.

---

**Et par uskrevne regler**
- Man holder afstand (70-80 cm), når man står og snakker sammen.
- Man giver hånd og har øjenkontakt, når man hilser på en person, man ikke kender så godt. Bliver man venner, kan man give hinanden et knus.
- Man rører ikke hinanden, medmindre man kender hinanden godt.
- Man bryder ikke køen i supermarkedet eller ved busstoppestedet.
- Man falder ikke lige uanmeldt ind hos hinanden.
- Man taler ikke højt på offentlige steder.

---

Når man flytter til en ny kultur, kan det være svært at forstå de uskrevne regler og normer.

Man kommer nok også til at jokke i spinaten (lave fejl).

*En japaner kom på besøg hos en dansk familie. Da han kom ind ad døren, sagde han:*

*– Tak for i aften.*

*Familien kiggede overrasket på ham.*

*Efter en tid i Danmark gik det op for ham, at man først siger tak for i aften, når man går.*

# Sprog

Store ord og stærke ord - ord, der styrer.

Mennesker har altid kendt til ordenes magt. På dansk har vi et udtryk: "Hun har ordet i sin magt."

Vi ved, at ord har magi og styrke. Vi ved også, at vi kan styre mennesker og få dem til at ændre mening med ordene.

Det er ikke tilfældigt, at forfattere og digtere i nogle samfund kommer i fængsel for det, de skriver.

## Store ord

Vi snakker om, at der er store ord.

Ord, der åbner en samtale, og som er fælles for alle mennesker på jorden. Det er ord, som kan gå over grænser. De er grænseløse i idealer, betydning og værdi. Kærlighed er et af dem. Fred og krig er andre.

## Stærke ord

Vi snakker også om, at der er stærke ord. Ord, som ikke kan gå over grænser. De skaber afstand. De sætter grænser mellem den, der siger noget, og den, som lytter.

Det er ord, der ikke er er "pæne" at bruge, eller der er knyttet tabu til.

Bandeord eller frække ord, der for eksempel hentyder til seksualitet.

Det er interessant, at vi i Danmark ikke har haft bandeord, der refererer til den seksuelle akt. Det er kendt næsten alle andre steder på jorden.

Vi bruger udtryk som "det vil jeg skide på" eller "sikke noget lort". Eller vi ønsker, at kraften skal tage os med udtryk som "kraft æde mig" ("kraftedeme").

Nu har vi dog lånt ordet *fuck*. Nu indgår ordet i sproget som et dansk bandeord. Det findes i Retskrivningsordbogen.

## Store ord og stærke ord – nemmere på dansk

I klassen fortæller en elev:

"Det er meget nemmere for mig at bande på dansk end på mit eget sprog. Jeg kan ikke mærke bandeordenes alvor på samme måde."

En anden siger:

"Når jeg siger 'jeg elsker dig', er det ikke så dybt og stærkt som på iransk."

De andre giver hende ret. Sådan har de det også.

## Neutrale ord – positive eller negative ord

Nogle ord er neutrale.

Andre har positive eller negative medbetydninger. Det kan være svært at afgøre, om et ord har en positiv eller en negativ medbetydning.

Vi kan ikke slå op i en ordbog og finde ud af, om et ord har en positiv eller en negativ medbetydning.

Det kommer an på, hvem der siger det, hvilket kropssprog hun har, og hvordan ordet bliver sagt.

Et ord kan skifte fra positivt til negativt. Fra neutralt til positivt. Alt efter hvem der siger det. Vi kan for eksempel snakke om, at noget er 'skidegodt' eller 'skidedårligt'.

## Kropssprog

Vi bruger ikke kun ord, når vi vil sige noget til hinanden. Alle mennesker "taler" med deres kroppe. Men det er ikke altid, at man er bevidst om, hvad det er, folk siger med kroppen.

Du er ikke i tvivl. Du ved ubevidst, om en ven er lykkelig eller ulykkelig, straks når du møder hende.

Kropssproget er ofte forskelligt i forskellige kulturer.

# Årets traditioner, fester og højtider

## Fastelavn

Årets første fest er fastelavn.

I februar eller marts er det fastelavn. Det er en gammel fest. Danskerne holdt den, før de blev kristne. Man fejrede, at nu kom foråret.

Mens danskerne var katolikker, holdt man fastelavn 40 dage før påske. Man skulle faste 40 dage før påske. Man mente, at mennesker havde godt af at faste. Før fasten holdt man store fester. Man spiste, drak og morede sig. Man holdt karneval. Det betyder farvel til kødet.

Til karnevalet klædte folk sig ud i mærkelige dragter. De slog katten af tønden. Katten var symbol på det mørke, kolde og onde.

I dag er det mest børn, som holder fastelavn. De klæder sig ud. De rasler og synger. De slår katten af tønden.

## En fastelavnssang

Fastelavn - er mit navn
Boller vil jeg have
Hvis jeg ingen boller får
Så laver jeg ballade.

Boller op - boller ned
Boller i min mave
Hvis jeg ingen boller får
Så laver jeg ballade.

# En dansk tradition – gækkebreve

Kun i Danmark kender man traditionen med at sende gækkebreve. Traditionen er over 200 år gammel. Man har et gammelt gækkebrev fra 1770.

Tidligere sendte forelskede unge mennesker gækkebreve til hinanden.

Nu er det mest børn, som laver gækkebreve.

> *Maj klipper breve i de smukkeste mønstre. Hun sætter en vintergæk fast på hvert. Hun skriver et gækkevers. Bagefter laver hun tre prikker. En prik for hvert bogstav i hendes navn. Hun sender brevene til sine bedsteforældre. De skal nu gætte, hvem der har skrevet brevet. Hvis de ikke gætter det, skal de give Maj et påskeæg.*
>
> Hvis de gætter, at det er Maj, skal hun give dem påskeæg.

# Aprilsnar

Første april laver vi aprilsnar med hinanden.

> *Peter siger til Hans:*
> *"I morgen er universitetet lukket."*
> *Hans svarer:*
> *"Nej, er det?"*
> *Peter griner og siger:*
> *"Aprilsnar!"*

Aprilsnar er som regel en uskyldig spøg. Men det sker, at aviser eller tv laver en alvorligere aprilsnar.

*Et eksempel: Det var i 80'erne. I tv-nyhederne annoncerede de, at danskerne skulle have EU-pas. Hele befolkningen kom i oprør.*

*Det var en aprilsnar.*

# Påske

Påsken er i marts eller april.

Det er en forårsfest, som mennesker har holdt i flere tusinde år for at fejre, at nu var foråret kommet.

Der er god grund til det. Vinteren er overstået. Frugttræer står knop. Og i haverne myldrer blomsterne frem. Dyrene finder mager og føder deres unger.

Da danskerne blev kristne, fejrede de, at Jesus genopstod fra de døde.

I dag er påsken mest ferietid. Nogle mennesker rejser på ferie. Enten for at stå på ski eller sydpå for at nyde solen der. De, som bliver hjemme, mødes og holder fest. I nogle familier er der tradition for at male påskeæg.

---

**Påskedag**

*Familien er samlet. De skal have deres årlige påskefrokost.*

*På bordet står smukt malede påskeæg. Der er også påskelam. Der står øl og snaps. Der er sodavand til børnene.*

*Familien spiser smørrebrød og små lune retter. De spiser lam, æg og årets første grøntsager.*

---

# Sankthans

Den 23. juni er det sankthansaften.

Vi holder fest, brænder bål, holder taler og synger sange.

Det er en meget gammel tradition at fejre midsommer. Det har danskerne gjort siden Odin og Thors dage.

I gamle dage troede man, at sankthansaften var heksenes aften. Derfor brænder man nu en tøjdukke, der ligner en heks.

Der er noget at fejre; dagene er lange med lyse aftener og nætter. Naturen blomstrer. På markerne står kornet. Bønderne har ikke så travlt længere. Der er et stykke tid til høsten.

# Vintersolhverv og jul

For 1000 år siden troede menneskene, at solen var en gud, der gik hen over himlen. Om vinteren var man bange for, at solen skulle dø, derfor var vintersolhverv en stor festdag. Menneskene festede for, at solen og lyset ville komme tilbage.

Ind i husene tog man grønne grene for at huske foråret og sommeren.

Da danskerne blev kristne, blev solhvervsfesten en kristen fest. Man sagde, at det var Jesus' fødselsdag. Nu er julen mest familiernes fest.

Der er mange nye traditioner knyttet til julen i dag. For eksempel sender fjernsynet hvert år en julekalender, som de fleste børn i dette land ser.

Juleaften er den store aften. I mange familier er det tradition, at man går i kirke juleaften.

Julen er blevet gavernes fest. De fleste mennesker bruger mange penge på gaver.

---

**Juleaften**

*Nu er det endelig juleaften. Familien sidder om bordet. Flæskestegen bliver bragt ind. Til stegen er der hvide kogte kartofler eller brune kartofler. Der er også rødkål.*

*Til maden drikker de voksne vin. Børnene får sodavand.*

*Til dessert er der risalamande. I retten er en hel mandel gemt. Den, som finder mandlen, får en gave.*

*Bagefter danser familien om juletræet. De synger julesange. Og så er det tid til gaver.*

---

**Første juledag**

*Familierne samles til stor frokost. Det er "det store kolde bord" med øl og snaps til.*

*Det er smørrebrød, og det er lune retter. Man spiser i en helt bestemt rækkefølge. Man starter med sild, ofte er sildene forberedt på mange forskellige måder. Der er marinerede sild, der er karrysild og der er stegte sild.*

*Efter sildene fortsætter man med spegepølse, leverpostej og andet pålæg.*

*Så er det tid til de lune retter. Det kan være rester fra juleaften. Man slutter af med ost.*

*Man drikker øl og snaps til maden.*

# Fire dage, der er værd at lægge mærke til

## Den 21. marts

Forårsjævndøgn er den 21. marts. Det betyder, at dag og nat er lige lange.
   Vi skifter til sommertid i marts.

## Den 21. juni

Den 21. juni er årets længste dag.
   Solen står op klokken 4.27, og den går ned klokken 21.55.
   Det hedder sommersolhverv. Det betyder, at nu vender solen, og dagene bliver igen kortere.

## Den 21. september

Den 21. september er det efterårsjævndøgn. Dag og nat er lige lange.
   Vi skifter fra sommertid til vintertid efter efterårsjævndøgn – som regel i oktober.

## Den 21. december

Den 21. december er årets korteste dag.
   Solen står op klokken 8.40, og den går ned klokken 15.36.
   Det hedder vintersolhverv. Det betyder, at nu vender solen, og dagene bliver igen længere.

# Historier fra Aarhus Universitet

## I kældrene under universitetet

Anna Luna kigger ud ad vinduet.

– Øv, det styrter ned. Jeg skal altså have noget at spise.

For at få noget at spise skulle hun over i Matematisk Kantine. Hun skal udenfor.

Hun har ikke regntøj – ikke en paraply.

– Jeg kan da tage kælderen, tænker hun. Så slipper jeg for at blive våd.

Hun har hørt om gangsystemet under universitetet, men hun har aldrig været dernede.

Hun går ned i kælderen igennem en gang og en til. Ved et kryds af gange stopper hun.

Hvilken gang skal hun vælge?

Til højre, til venstre eller ligeud?

– Det er nok den til højre, tænker hun.

Peter og Christoffer står ved vinduet. De ser ud på regnen, som styrter ned.

– Kælderen. Jeg tager da kælderen, siger Peter.

– Pas, på du ikke farer vild. Det er før sket, ved du nok, siger Christoffer og fortsætter:

– Der var engang en student, som for vild. Han blev ikke fundet før flere år senere – som skelet.

Peter ryster på hovedet og siger:

– Sådan noget sludder. Det er helt sikkert en vandrehistorie. Jeg tager kælderen.

Han går ned i kælderen.

Foran ligger lange gange. Fra alle sider kommer der gange. Han standser forvirret. Han havde troet, det var let.

Anna Luna kigger på sit ur. Nu har hun gået rundt hernede i to timer. Hun kan hverken finde frem eller tilbage længere.

Hendes mave knurrer af sult. Hun er ved at være godt træt af det.

Hun sætter sig på en kasse.

– Det kan ikke passe. Man kan ikke fare vild i en kælder under universitetet. Så stort er det heller ikke, beroliger hun sig selv.

Hun ser sig omkring. Her har hun været før.

– Jeg må gå i ring, tænker hun. Hun rejser sig og vælger en gang, hun er sikker på, at hun ikke har prøvet før.

Peter stopper op.

– Jeg går i ring, tænker han. Her har jeg været før. Mindst fire gange. Den kasse der har jeg set før.

Han ser på sit ur. Tre timer har han løbet rundt i de her forbandede gange.

– Umuligt, tænker han, man kan ikke fare vild i nogle skide gange under et skide universitet. Træls. Det her har jeg ikke tid til.

Han sætter farten op og kommer til kassen for femte gang.

– Satans også.

Han er sur nu og vred på sig selv. Han sætter sig på kassen. Han læner sig op ad væggen. Han blunder og falder i søvn.

Anna Luna kommer ned ad en gang.

– Øv, det er nok her, kassen står, siger hun til sig selv. Hun drejer om hjørnet og stopper overrasket op.

På kassen sidder en fyr og sover.

– Det er absurd, det her. Det ene øjeblik farer jeg vild i nogle åndssvage gange. Hviler mig på en kasse. Det næste øjeblik sidder der en fyr på kassen og sover. Som om han kommer lige ud af den blå luft. Er han mon virkelig?

I søvnen mærker Peter et andet menneske.

Han slår øjnene op og ser lige ind i et ansigt. Han retter sig forbavset op.

– Hvad laver du her? spørger han.

– Jeg kunne spørge dig om det samme?

Han trækker på smilebåndet og siger flovt:

– Jeg er faret vild.

– Det er jeg også.

De ser på hinanden og bryder ud i latter.

De finder ud, og i dag er de gift og har to børn.

**Se, det var en rigtig historie.**


## Studenten og svanen

En student var sulten.

Måske ville han også gerne provokere.

En dag gik han i universitetsparken. Han fangede med stort besvær en svane. Han slog den ihjel og samlede brænde til et bål. Han tændte bålet, stegte svanen og spiste den.

Til stor forargelse for alle, der hørte om det: Man spiser da ikke symbolet for Norden (fem flyvende svaner).

Frank Jæger gjorde. Senere blev han forfatter og digter.

Rygtet vil vide, at også nutidige studenter forgriber sig på de stakkels fugle i universitetsparken. Nu er det dog ikke svaner. De findes ikke længere i parken.

Nej, nu er det ænderne, som må lade livet.

En gruppe studenter gik på andejagt. De fangede to ænder, som de grillede over et bål.

## Prinsessen i Århus

Det var før kreditkortenes tid. Det var også før livvagternes tid. Det var dengang, dronning Margrete den Anden var ung og student på Aarhus Universitet. Hun studerede statskundskab, og hun var en ivrig debattør.

En dag sad to ambitiøse unge studenter i kantinen og diskuterede politik, revolution og afskaffelse af kongehuset. To piger satte sig over for dem. De blandede sig i diskussionen med gode argumenter.

Pludselig gik det op for de to unge mænd, at den ene pige var prinsessen.

De fik røde ører. Prinsessen smilede og fortsatte diskussionen.

En anden gang skulle prinsessen have repareret sin cykel. Hun gik til cykelsmeden. Han var en lille, rund og nærsynet mand. Han kiggede op på den høje prinsesse og sagde:

– Ja, bette pige, det skal vi nok ordne.

Da prinsessen kom tilbage for at hente cyklen, skrev hun en check.

Cykelsmeden så på checken, så på prinsessen.

– Jamen, bette pige. 'Rex', det kan man da ikke hedde.

## Anden i Forstbotanisk Have

En ung biologistuderende gik tur i Forstbotanisk Have bag Marselisborg Slot. Han kiggede på træer og planter. Han kiggede på fugle.

Pludselig så han en fugl, han aldrig havde set før.

Jo, han kunne da godt se, at det var en and.

Men hvad var det for en?

Han var glad.

Tænk, hvis ...

Han gik hjem og slog op i sine fuglebøger. Ingen steder kunne han finde anden.

Hans kæreste studerede også biologi. Han tog hende med i Forstbotanisk Have, så hun kunne se anden. Hun slog en høj latter op.

– Det der, sagde hun. – Det er en helt almindelig tam and.

Han mærkede rødmen stige op i sit ansigt.

Snart efter droppede han biologistudierne. I stedet blev han socialrådgiver.

## Døren uden håndtag

Sarah var udvekslingsstudent.

Hun var lige flyttet på kollegium. Det var helt nyt. Ja, det var så nyt, at der manglede at blive malet hist og pist.

En aften havde Sarah en ubehagelig oplevelse. Hun fortæller:

– Jeg skulle i vaskeriet. Det var lige blevet åbnet. Det var sidst på aftenen. Jeg puttede mit tøj i maskinen. Så skulle jeg på toilettet. Jeg gik derind og skubbede døren i. Så opdagede jeg, at der ikke var håndtag. Jeg kunne ikke komme ud. Jeg så mig omkring. Der var ingen vinduer.

Hvad skulle jeg gøre?

Råbe?

Nej, ingen kunne høre mig.

Vente på, at der kom folk?

Nej, det var sent på aftenen. Der kom først folk næste dag.

Prøve at sove der?

Der gik panik i mig. Nej, det ville jeg ikke.

Jeg skulle ud.

Jeg kan karate. Så jeg gav døren et spark og et til og endnu et. Til sidst vidste jeg ikke, hvor mange gange jeg havde sparket. Det var mange.

Døren gav sig. Jeg kunne få dørkarmen fri. Jeg hev og trak. Og efter lang tid kunne jeg skubbe døren væk. Lige nok til at jeg kunne klemme mig ud. Jeg lagde en seddel til viceværten. Jeg skrev, at jeg ville betale for døren.

Det skulle jeg ikke. Jeg tror, han havde lidt røde ører.

# Højskolen – 160 år ung

Skole og lærdom ud over den mest nødvendige læsning og regning var indtil for 150 år siden for de få udvalgte; de riges drenge.

De gik i "latinskoler". Undervisningen foregik på latin.

Præsten, digteren og politikeren Grundtvig var modstander af den skoleform.

Han kaldte latinskolerne for det døde sprogs skoler.

Han mente, at alle skulle have mulighed for at lære. At man ikke skulle lære for skolen, men for livet.

Han mente også, at mennesker lærte, når de talte sammen. Og netop samtalen var og er det vigtigste princip i undervisningen på højskolerne.

Grundtvig var med til at starte Danmarks første højskole for cirka 160 år siden. Højskolerne var for landboungdommen – både mænd og kvinder.

Siden den første højskole i 1844 er mange kommet til.

I dag er der ca. 70 højskoler i landet.

Højskolerne er med til at præge folkeoplysningen i Danmark.

Politisk og kulturelt.

Højskolerne følger med i samfundets udvikling og forandrer sig løbende.

På den måde holder skolerne sig unge. Samtidig er mange gamle og rige på erfaringer.

Højskolerne er eksamensfri, men i dag er der skoler, som tilbyder uddannelsesforberedende undervisning.

Mange højskoler har fokus på specielle fag. Der er kunsthøjskoler, idrætshøjskoler, rejsende højskoler, sproghøjskoler, designhøjskoler, familiehøjskoler og højskoler specielt for ældre.

Staten støtter højskolerne økonomisk.


■ **Her kan du få mere at vide og finde link til de enkelte højskoler**

Højskolernes Hus
Nytorv 7
1450 København K
Tlf: 33 36 40 40
Fax: 33 13 98 70
Hjemmeside: www.ffd.dk

# Informationer

## Butikker og supermarkeder

Butikker er åbne fra klokken 9.00 til klokken 17.30 om hverdagen – undtagen om fredagen, hvor de er åbne til klokken 19.00 eller 20.00. Nogle supermarkeder har åbent til 19.00 eller 20.00 hver dag.

Om lørdagen er de fleste butikker kun åbne til kl. 13.00 eller 14.00.

Supermarkeder og storcentre har som regel åbent til kl. 17.00.

Om søndagen er butikkerne lukkede, undtagen den første søndag i måneden.

Nogle bagerbutikker og kiosker har længe åbent om aftenen. De har ofte åbent hele lørdagen og søndagen.

## Banker og posthuse

Banker har ikke åbent som butikker. De lukker hver dag klokken 16.00 – undtagen om torsdagen, hvor de holder åbent til klokken 18.00.

Posthuse i store byer har åbent som butikker.

## Apoteker

I alle store byer findes apoteker. De har åbningstider som butikker.

Man skal huske at tage sygesikringsbeviset med på apoteket.

## Offentlige kontorer

Offentlige kontorer, såsom skattevæsen, Folkeregisteret, Århus Kommune, Region Midt osv., har normalt åbent fra 8.00-15.00. Der kan dog være kortere telefontid hver dag. Torsdag har mange offentlige kontorer desuden åbent kl. 16.00-18.00 eller 17.00-18.00 Århus Kommunes hovedtelefonnummer er **89 40 20 00**.

# Alarm – sygdom og tænder

## ■ Alarm – ring 112

Hvis der sker en større ulykke, skal man ringe 112. Man skal fortælle
- hvor ulykken er sket
- hvad der er sket
- om nogen er kommet til skade
- om nogen er i fare

Man skal sige sit navn, og hvor man ringer fra.

112 bruger man også ved brand.

Fra alle telefonbokse kan man ringe 112.

# Læge og hospital

I Danmark er lægehjælp og hospitalsophold gratis.

Når du har tilmeldt dig folkeregistret, får du et sygesikringsbevis. Det skal du altid have på dig.

På folkeregistret har du også valgt en praktiserende læge. Bliver du syg, kan du ringe til lægens klinik og få en tid mellem klokken 8.00 og klokken 16.00. Vil du tale med lægen, skal du ringe om morgenen – normalt mellem kl. 8.00 og 9.00. Resten af dagen er det en sekretær, som tager telefonen.

# Lægevagten – telefon 86 20 10 22

Lægevagten er en hjælp til mennesker, som pludseligt bliver syge, eller hvis en sygdom bliver værre.

Mellem klokken 16.00 om eftermiddagen og 8.00 om morgenen kan du ringe til lægevagten. Du kommer til at snakke med en læge. Hun spørger dig om dit cpr-nr. Hun vil også vide, hvor du har ondt.

# Skadestuen – telefon 87 31 50 50

På skadestuen kommer man, hvis man er kommet til skade. Det kan være et brækket ben eller en skoldet arm. På Århus Sygehus, Nørrebrogade 44, 8000 Århus C, er skadestuen åben dag og nat.

Man skal have en aftale med skadestuen, før man tager af sted.

# Tandlæge

En tandlæge skal man selv finde. De fleste mennesker går til tandlæge 1-2 gange om året. Det er ikke gratis at gå til tandlæge, men den offentlige sygesikring betaler 2/3 af regningen, man skal selv betale 1/3.

Får man ondt i en tand om aftenen eller i en weekend, kan man ringe til tandlægevagten – telefon 40 51 51 62.

# Foreninger

I foreninger finder folk fællesskab.

Traditionen for at stifte foreninger går tilbage til midten af forrige århundrede, dengang de fleste danskere boede i mindre byer og landsbyer.

Mændene oprettede andelsforeninger, hvor de lavede andelsmejerier og fælles frysehuse. Ud af andelsforeningerne opstod brugsforeninger.

Kvinderne sluttede sig sammen i husmoderforeninger, hvor de mødtes og hørte foredrag, diskuterede kvindespørgsmål og lærte hinanden forskellige ting.

Andelsforeninger og husmoderforeninger findes stadigvæk.

Vi kan for eksempel stadig være medlem af en brugsforening og handle i Brugsen.

### ■ Mange slags foreninger

Der findes mange slags foreninger.

Mennesker, som gerne vil kæmpe for en fælles sag, laver en forening.

Eller mennesker, som har en fælles interesse eller idé, slutter sig sammen i en forening.

### ■ Politiske foreninger

Bag alle de politiske partier er der en forening. Medlemmerne arbejder for, at partiets politik bliver kendt af så mange som muligt.

### ■ Kulturelle foreninger

Folk mødes om fælles interesser. Det kan være teater, malerkunst, foredrag eller folkedans. Det kan også være et nationalt mindretal, som finder sammen i en forening.

### ■ Sportsklubber og gymnastikforeninger

Mennesker dyrker sport sammen.

### ■ Protestforeninger

Er en gruppe mennesker utilfredse med noget i samfundet, slutter de sig sammen i foreninger og kæmper mod det, de er utilfredse med.

### ■ Netværk

Gennem de sidste 10-15 år er noget nyt dukket op. Netværk.

Folk er med i forskellige netværk gennem deres arbejde eller deres fritidsaktiviteter. Man anser det for vigtigt at have gode netværk.

Ens netværk kan hjælpe med at skaffe en person arbejde eller støtte og komme til hjælp, hvis livet gør ondt.

## Biblioteket

Hver større by i landet har et eller flere biblioteker.

I små byer og landsbyer kommer bogbussen på besøg.

Biblioteket er en vigtig del af samfundslivet. Bibliotekerne er i informationssamfundet blevet et center for informationsformidling.

### ■ Ikke kun bøger

På biblioteket kommer mennesker og låner romaner, digte, tegneserier, fagbøger. Man kan også sidde på biblioteket og læse.

På mange biblioteker kan man låne bøger på flere sprog, eller man kan læse aviser – danske og udenlandske.

Bibliotekerne er dog ikke kun bøger.

Man kan låne film, cd'er eller bånd med hjem.

Man kan bruge bibliotekets computere til informationssøgning, til chat eller til at besvare mails. Bibliotekerne har også udviklet en netguide, som man kan komme ind på gennem bibliotekernes hjemmeside. Her kan man finde informationer om stort og småt.

Der er også udstillinger. Fotoudstillinger om forhold her og i andre lande. Kunstudstillinger. Eller udstillinger for børn.

Man kan finde informationer om alt mellem himmel og jord på biblioteket. Forskellige arrangementer i lokalsamfundet, aftenskolers programmer, informationer fra stat og kommune.

Mange biblioteker har arrangementer for voksne. Foredrag eller film. Og for børnene er der film og teater.

En del biblioteker har lokaler, som man kan låne eller leje til møder.

Læs mere om Århus Kommunes Biblioteker: www.aakb.dk

## Historie, natur og kunst på museum

### ■ Moesgård Museum

Syd for Århus ligger en smuk gammel herregård. Moesgaard.

Moesgård er et forhistorisk museum, der rummer arkæologi og etnografi.

Her kan man se, hvordan danskerne levede for flere tusinde år siden. Man kan se deres tøj og huse, hvilke husdyr de havde, og hvilke arbejdsredskaber de brugte.

Man kan se en udstilling om vikingerne i Aros (vikingernes navn for Århus).

Det er her, Grauballemanden ligger.

På museets hjemmeside kan man læse:
*Grunden til det museum, som i dag bærer navnet Moesgård Museum, blev lagt i 1861, hvor Historisk-antikvarisk Selskab blev stiftet. Målet var at udbrede viden om historien og at skabe en samling af oldsager og genstande fra historisk tid.*
www.moesmus.dk

## Kvindemuseet

Kvindemuseet ligger i centrum af Århus. Det har en fast udstilling om kvindernes historie gennem de sidste århundreder og skiftende kunst- og temaudstillinger.
Museet rummer også Barndommens Museum.

På museets hjemmeside kan man læse:
*Kvindemuseet opstod som græsrodsbevægelse i forlængelse af den nye kvindebevægelse. Museet har til huse i Domkirkeplads 5, som er bygget som rådhus i 1857, længe før kvinderne fik stemmeret. Mathilde Fibigers Have blev efterfølgende anlagt som en offentlig plads beliggende ved museets bygning.*
www.kvindemuseet.dk


## Aros kunstmuseum

Aros har permanente og skiftende udstillinger. Aros er et nyt museum. Det åbnede i 2004, og det ligger ved siden af Musikhuset. Museet er et af Nordeuropas største.

På museets hjemmeside kan man læse:
**ARoS – et internationalt billed- og oplevelseshus**
*ARoS Aarhus Kunstmuseum er et spektakulært billed- og oplevelseshus for børn og voksne; en mental servicestation, hvor det nysgerrige menneske kan blive både behaget og udfordret. Arkitekturen er i international klasse. Det samme er kunsten. Og begge byder på oplevelser af høj karat: fra lys til gys, fra holdning til underholdning, fra lystvandring til udfordring.*
www.aros.dk


## Naturhistorisk Museum

Naturhistorisk Museum ligger i Universitetsparken i Århus. Museet er landets næststørste af sin art.

På museets hjemmeside kan man læse:
*Vores opgave er at formidle natur og herved øge nysgerrigheden og interessen for de dyr og planter, der omgiver os.*
www.naturhistoriskmuseum.dk

## Steno Museet

Steno Museet ligger i Universitetsparken i Århus. Det er et videnskabshistorisk museum. I museet kan man se en version af Foucaults pendul. Der er også et planetarium.

På museets hjemmeside kan man læse:
*På Steno Museet giver vi et indblik i den dynamiske udvikling, som har givet videnskaben den fremtrædende rolle, den har i dag.*
www. stenomuseet.dk


## Den Gamle By

Den Gamle By i Botanisk Have er gamle huse fra forskellige byer i landet. Om sommeren og i Festugen er der liv i byen, og i juletiden kan man købe gamle juleting, høre julefortællinger og opleve stemningen fra jul i gamle dage.

På museets hjemmeside kan man læse:
*Den Gamle By er et levende billede af livet, som det var i de gamle danske byer. Her kan man opleve en købstad på H.C. Andersens tid, hvor eventyret venter lige om hjørnet.*
www.dengamleby.dk

Der er flere museer i Århus
Find dem på: www.aarhus.dk/aa/portal/kultur/museer